本書の構成

	全体観	事業づくり	サービスづくり	組織づくり
現在	**1章** 生成AIの衝撃と各領域における驚異の実力	**2章** 成功する生成AI事業/プロダクトのつくり方	**4章** 生成AIサービスにおけるUXデザインのポイント	**6章** 組織の生産性を飛躍的に向上させる生成AIの業務活用テクニック
未来		**3章** 生成AI時代に各業界、そして社会全体はどのように変化するか	**5章** 生成AI技術によってユーザー体験の在り方はどのように変化するか	**7章** これからの生成AI時代を勝ち抜く組織のつくり方

1章では、生成AIの勢いや、それが我々の社会・ビジネスに与える影響、は各領域ごとに最新の生成AIでどのようなことができるのか、全体観をにする。

章では、成功する生成AI事業・プロダクトのつくり方について解説する。メソッドやフレームワークの紹介に加えて、突き詰めると生成AIで何がかについても7つに分類して分かりやすく解説している。生成AIへの理解上で、特に読んでもらいたいパートの1つだ。

は、よりマクロな視点から生成AIが形作る我々の社会や個別の産業の未測する。ここでは、（1）中長期の未来、つまり今後15〜20年の時間軸体や人の在り方がどう変化するか、（2）比較的短期の未来、つまり今0年の時間軸で各業界がどのように変化していくかについて、未来予測る。

は、テーマをユーザー体験（UX）に移し、生成AIならではの優れたユ験をつくるために必要なフレームワークやベストプラクティスを紹介する。ユーザー体験それ自体も、生成AIによって大きく変容するはずだ。5章んな生成AI時代におけるUXの在り方の変化を「5つのキーワード」でいく。

6章では、組織づくりにテーマを移す。「生成AIを活用していかに組織やアウトプットクオリティーを上げるか」という観点で、用いるべき生ルや、AIにどのようなテキストを投げかけるべきかといった極めて具ロンプトテクニックを紹介する。

らの時代は、生成AIを使って従来の業務プロセスを刷新し、新たな事

生成AI時代を勝ち抜く事業・組織のつくり方

経営戦略を
アップデートするための
フレームワークと未来予測

梶谷健人

はじめに

「生成AIがスゴい」と語る記事や書籍は多い。

しかし、経営層や事業リーダーなどの実務家が本当[...]
用して自分たちの事業・組織をどう成長させるか」につ[...]
ないように感じる。実際、私の元にはそうした相談が多[...]
トと共に様々な取り組みをしながらその答えを探究して[...]

本書は、経営層や事業リーダー、サービスづくりに[...]
いる生成AIの知識やノウハウを提供することを目指し[...]

これまで私は新規事業開発やサービスグロースの[...]
企業を支援したり、自分自身もXR／メタバース領域[...]
MESONを約5年間経営してきた。そして、現在は生[...]
させることをテーマに、テレビ東京やAI領域の上場[...]
ズ社をはじめとする、10社以上の企業に顧問として[...]

そうした企業経営・新規事業開発・サービスデザ[...]
領域の知見を組み合わせることで、数多あるAI関連[...]
になったと自負している。

本書の構成についてもここで触れておこう。本[...]
ビスづくり」、そして「組織づくり」という3つのテ[...]
来」の2つの時間軸で章を展開していく。

まず[...]
さらに[...]
明らか[...]
続く[...]
独自の[...]
できる[...]
を深める[...]
3章で[...]
来を予測[...]
で社会全[...]
後5〜1[...]
を提示す[...]
4章で[...]
ーザー体[...]
今後、[...]
では、そ[...]
解説して[...]
そして[...]
の生産性[...]
成AIツー[...]
体的なプ[...]
これか[...]

業価値を創出できるいわば"生成AIネイティブな組織"が高い競争力を発揮する時代になるはずだ。終章となる7章では、いかに自分たちの組織を生成AIネイティブなものにしていくか、具体的なステップやポイントについて解説した上で、経営層が見据えておくべき生成AIが浸透した時代の組織についての未来予想も提示する。

これらの章を通じて、読者は単に生成AIに関する知識を得るだけではなく、その技術を自社の事業戦略や組織強化にどのように活用するかの具体的なイメージやガイドラインを得ることができるだろう。

また、各章に付随する形で掲載しているコラムでは、本章の理解を深めるための補足的な内容もあれば、創造性や脳科学などの観点から生成AIについて考察したものもあり、読者の知的好奇心をくすぐる内容になっているはずだ。さらに、巻末特典では非エンジニアにも分かりやすい生成AIの技術解説、押さえておくべき注目の生成AI関連スタートアップリスト、AI関連ニュースレターのお薦めリストを掲載している。本書を読み終わった後にも学習やリサーチを深められるようにしているので、ぜひ読んでいただきたい。

本書が、生成AI時代という荒波の中を進む皆さんの旅路において、進むべき道を指し示し、同時に勇気を与えてくれる良きパートナーになることを心から願い、本編へとつなげたい。

梶谷健人

目次

【ポイント1】入力例を提示してWOW体験を確実に届ける

【ポイント2】何でもかんでもチャットUIにしない

【ポイント3】ユーザーにプロンプトエンジニアリング力を求めない

【ポイント4】クオリティーが重視される実務利用では、単一の生成結果を提示するのではなく複数の選択肢を提示する

【ポイント5】UIすら自動生成して提示する

【ポイント6】Discordで高速にインターフェースを用意する

【ポイント7】大企業向けサービスの場合、データセキュリティーはしつこいくらいユーザーに保証する

【ポイント8】一気に最終形を生成するのではなく、途中過程でユーザーが期待する方向性を聞く

【ポイント9】テンプレートは、とりあえず何でも入力できるルートとセットで提供する

【ポイント10】ユーザーにAI Botの回答を評価する手段を提供する

【ポイント11】フレンドリーな口調で、使う楽しさを増幅する

1章

生成AIの衝撃と
各領域における
驚異の実力

これから本書を通して、生成AIをいかに自社の事業や組織の成長につなげていくかを解説していきたい。その前提として、まずは生成AIの勢いや、それが我々の社会、ビジネスに与える影響、さらには各領域ごとに最新の生成AIでどこまでのことができるのか概観を示していこう。

生成AIのインパクトを正しく評価し、各ジャンルでどういったことが可能になっているのかを理解することは、今後の企業経営や事業運営においてもはや必須の知識になりつつある。この章でぜひその全容をつかんでほしい。また、生成AIの技術的な仕組みについては巻末特典（1）で解説しているので、興味がある方はそちらをぜひ読んでほしい。

┃ 歴史的な転換点が急速に訪れている

生成AIサービスの代表格ともいえる米OpenAIの対話型AI「ChatGPT」は、本格ローンチからたった2カ月でMAU（1カ月あたりのアクティブユーザー数）が1億人を突破し、AIは一部の技術者が使うものではなく、一般の人々が当たり前に使うものとなった。

▼ 月間アクティブユーザー1億人までにかかった月数

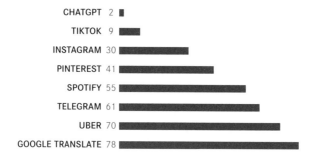

UBS「Let's chat about ChatGPT」（https://www.ubs.com/us/en/wealth-management/insights/market-news/article.1585717.html）を基に著者作成

さらに象徴的なのは、米マイクロソフト創業者のビル・ゲイツ氏が自身のエッセイ「The Age of AI has begun」の中で「生涯で本当に革命的だと感じた技術のデモはたった2回だ。最初は1980年にGUI（グラフィカルユ

ーザーインターフェース）を見たとき。2度目は2022年時点のOpenAIの AIを見たときで、GUI以来のテクノロジーにおける最も重要な進歩を目の当たりにしたのだと思った。」とまで語っていることだ。

　AIのトレンドは過去何回もあったが、実際にエンドユーザーに広く使われるようになり、かつ長年テクノロジーの進化を最前線で見てきたゲイツ氏にこうも言わしめるほど、今回のAIのブレークスルーは歴史的な転換点となっている。

｜目を獲得し、新薬すら開発するGPT-4の衝撃

　実際にAIモデルの進化もすさまじい。その代表例が、OpenAIのGPT-4だ。まずGPT-4とは、ChatGPTなどのアプリケーションの裏側で動いている大規模言語モデル（LLM）と呼ばれるAIモデルのことである。

▼ ChatGPTとGPT-3.5、GPT-4の関係

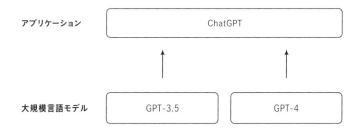

　GPT-4は従来のテキスト入力だけでなく画像の入力にも対応する。スクリーンショット画像から実際に動くWebサイトを生成したり、スマホカメラ越しの情報を読み取って視覚障がいのある方々向けに音声ガイドをしたり、スポーツ動画を基に実況中継までこなしたりするなど、様々な活用サービスやデモが既に生まれている。

▼ GPT-4Vを使って視覚障がいがあるユーザーをサポートする「Be My Eyes」

出所：Be My Eyes（https://www.bemyeyes.com/）

　さらには、知能面でのパフォーマンスも大幅に向上している。OpenAI（2023）「GPT-4 Technical Report」によれば、ChatGPTの初期に搭載されていたGPT-3.5は米国の司法試験で下位10%程度の点数だったが、GPT-4では上位10%程度のスコアを叩き出すという（出所の詳細は以下のグラフ下部に）。また、既存の医薬品の情報を送って新薬の考案を指示すると、類似した性質を持つ化合物を発見。さらには既存の特許を侵害しないようにそれを修正し、購入可能なサプライヤーを特定して注文メールの文章を作成するところまでやってのける。

▼ GPT-3.5からGPT-4への進化

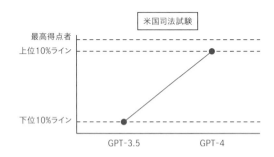

出所：OpenAI（2023）,「GPT-4 Technical Report」,arXiv:2303.08774v4（https://arxiv.org/abs/2303.08774）

ソフトウエアサービスもAIにDisrupt（破壊）される時代

　そんな急速なAIの進化は、企業にも大きな影響を与えている。今までは世界的ベンチャーキャピタルである米Andreessen Horowitzの共同創業者、マーク・アンドリーセン氏の「Software is eating the world」という有名な言葉が象徴するように、ソフトウエアサービスが従来の産業やサービスをディスラプト（破壊）する立場だった。

　しかし、現在は世界トップのGPUメーカー、米Nvidia代表のジェンスン・フアン氏が「AI is eating software」と発言した通り、ソフトウエアサービスが新たな生成AIサービスにディスラプトされる側に回っている。それを象徴する出来事として、世界最大のインターネット企業の1つである米Googleですら、ChatGPTなどの対話型AIサービスの普及によって自社の検索広告ビジネスが深刻なダメージを受けることを危惧し、2022年末に社内に非常事態宣言を出す状況になっている。

　つまり、今回のAIシフトは、Googleほどの盤石に見えた企業ですら危機感を持って取り組むレベルの変化であるということだ。

生成AI領域から新しいユニコーン企業が多数生まれている

　一方で、生成AIは企業成長の大きな追い風にもなっている。2023年10月時点で、生成AIにおいてユニコーン企業と呼ばれる、企業の評価額が10億ドル（日本円で約1500億円）以上の未上場企業は20社以上誕生している。ここからも分かる通り、生成AIによって新しい広大な市場がフロンティアとして広がっている。

2023年10月時点で評価額が10億ドル以上の企業リスト

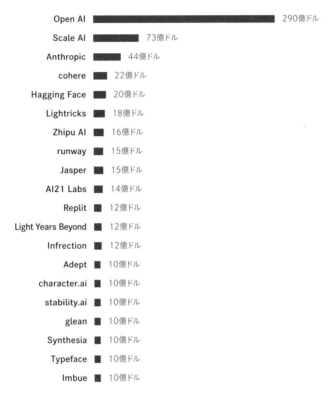

Open AI	290億ドル
Scale AI	73億ドル
Anthropic	44億ドル
cohere	22億ドル
Hagging Face	20億ドル
Lightricks	18億ドル
Zhipu AI	16億ドル
runway	15億ドル
Jasper	15億ドル
AI21 Labs	14億ドル
Replit	12億ドル
Light Years Beyond	12億ドル
Infrection	12億ドル
Adept	10億ドル
character.ai	10億ドル
stability.ai	10億ドル
glean	10億ドル
Synthesia	10億ドル
Typeface	10億ドル
Imbue	10億ドル

各社の公開情報などを基に著者作成

生成AIは既に単なるバズワードを超えている

　そんな生成AI領域のユニコーン企業のうち象徴的な企業を1つ紹介しよう。それが英Synthesiaだ。Synthesiaは、原稿を入力するだけでAIアバターがリアルな身振り手振りと発音で話している動画を生成できるサービス。実際にSynthesiaで生成された動画を見てほしいが、実際の人が話しているようなリアルな動画を生成できる。Synthesiaは、主に社内研修やマーケティ

ングに活用するコンテンツの生成などに使われており、その用途なら十分に実用的であるため、米Johnson & Johnsonや米Amazonなどの大手企業を含めた5万社以上で既に導入され、しっかりとマーケットをつかんでいる。

生成AIというと、過去のメタバースやWeb3ブームと同様に期待値先行で、まだ実ビジネスにつながっている企業はほとんどないと思われがちだ。しかし、Synthesiaをはじめとして以降で紹介する企業群のように、実際に大規模な事業として既に成り立っている生成AI企業は実は多い。

このように、生成AIは企業にとって、強い追い風にも、衰退の契機にもなり得る、非常にインパクトの大きな技術シフトだと言える。

▼ Synthesia

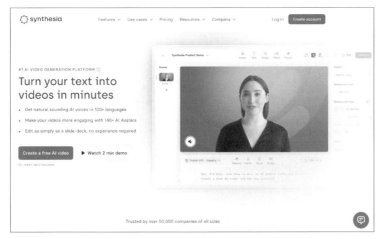

出所：Synthesia（https://www.synthesia.io/）

┃「AIパートナー力」が高い人材がそうでない人材をリプレースする

こうした生成AIによるインパクトは、企業だけでなく個人にも当然大きな影響を及ぼす。GPTが人間の仕事に与える影響を分析した、Tyna Eloundou et al.（2023）「GPTs are GPTs: An Early Look at the Labor Market Impact Potential of Large Language Models」というOpenAIの論文では、今後米国の労働者のうち約80%がAIの影響を受けると指摘されている（出

所の詳細は下図の下部に）。また、同様のテーマの米マッキンゼー・アンド・カンパニーのレポート「The economic potential of generative AI（生成AIがもたらす潜在的な経済効果）」では、生成AIによって従業員の業務時間の約6～7割が"節約"できる可能性が指摘されている。

　ホワイトカラーやクリエイターがAIに直接代替されるということは当面起きないと思われる。しかし、AIを使いこなした人材がそうでない人材を代替する動きは今後強まるだろう。これからの時代は、AIをどれだけよきパートナーにできるかという「AIパートナー力」が、人材の能力や価値を大きく左右する時代がやってくる。

全職業のうち

約**80**%

がAIの影響を受ける

従業員の業務時間の

約**60～70**%

が"節約"できる可能性あり

出所）「GPTs are GPTs」　　　　出所）「The economic potential of generative AI」

出所：Tyna Eloundou et al.（2023），「GPTs are GPTs: An Early Look at the Labor Market Impact Potential of Large Language Models」,arXiv:2303.10130v5（https://arxiv.org/abs/2303.10130）
出所：マッキンゼー・アンド・カンパニー「The economic potential of generative AI（生成AIがもたらす潜在的な経済効果）」（2023年6月）https://www.mckinsey.com/jp/~/media/mckinsey/locations/asia/japan/our%20insights/the_economic_potential_of_generative_ai_the_next_productivity_frontier_colormama_4k.pdf

▎生成AIの影響範囲は高度な頭脳労働にも及ぶ

　生成AIによる業務効率化は、事務作業やライティングなどある程度ルーティン的な業務に限られると思われている節がある。だが、その影響範囲な高度は頭脳労働にも及ぶ。AIが頭脳労働に与える影響について調査したハーバード・ビジネス・スクールに掲載された論文（Fabrizio Dell'Acqua et al.,2023）によると、世界的コンサルティング企業の米ボストン コンサルティング グループ（BCG）のコンサルタント758人を対象に行った実験で、AIを使用したコンサルは非使用コンサルに比べて平均で12％多くのタスクを完了し、25％早くタスクを完了し、40％高い品質のアウトプットを出し

たという結果が出ている。

　特に注目なのは「ローパフォーマー」を含め全体的に底上げがなされたことだ。下図の上側のグラフがGPT-4を用いずに業務を行った際のパフォーマンス分布。平均以上のパフォーマンスを出す従業員をハイパフォーマー、それ以下をローパフォーマーとし、GPT-4を使用した状態でのパフォーマンス分布を表したのが下側のグラフだ。これを見てもらうと、全体的なパフォーマンスが底上げされてグラフの分布全体が右側にシフトしている。組織のボトムアップは経営レイヤーにとって重要なイシューであるため、組織経営観点でこの研究が示す生成AIの可能性は大きいといえる。また、個人観点でも、たとえ特定の業務領域でパフォーマンスが平均以下であっても、適切に生成AIの手を借りればパフォーマンスを大幅に高められる可能性があること意味する。

※参照：Fabrizio Dell'Acqua et al.(2023),「Navigating the Jagged Technological Frontier: Field Experimental Evidence of the Effects of AI on Knowledge Worker Productivity and Quality」,Harvard Business School Technology & Operations Mgt. Unit Working Paper No. 24-013

▼ BCGにおけるGPT-4の使用有無別のパフォーマンス分布

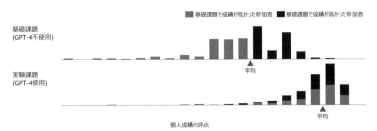

注：　この結果は「製品開発におけるアイデア創出・企画」の課題の成績（10点満点評価）のみを反映している。基礎課題の成績は、同種の業務における習熟度を示すものとして代用。いずれの分布も、課題間で採点の一貫性を高く保つため、GPT-4による評点を反映している。（人間による評点は、同じ参加者の解答を、基礎と実験でそれぞれ異なる採点者が採点した可能性があるため）
出所：人間と生成AIの協働に関する実験（2023年5月から6月にかけて実施）。ボストン コンサルティング グループ分析
© Boston Consulting Group 2023 - All Rights Reserved.

出所：ボストン コンサルティング グループ「生成AIで価値を創出するとき、破壊するとき──実験結果からの考察」（2023年10月）https://www.bcg.com/ja-jp/publications/2023/how-people-create-and-destroy-value-with-gen-ai

❘ 生成AIによる経済効果の大きさは計り知れない

　ここまで見てきたように、生成AIは企業において事業・組織の両側面で

大きなインパクトを持っている。実際に、生成AIが経済に与える影響を定量的に試算したマッキンゼーの前述の調査「The economic potential of generative AI」を見ると、そのインパクトの大きさが際立つ。既存産業への応用、つまり生成AIによって新しく生まれる事業の経済規模は2.6兆～4.4兆ドル（約390兆～660兆円）、生成AIによる生産性向上の経済インパクトは6.1兆～7.9兆ドル（約915兆～1185兆円）の規模になるという。これは日本のGDPが約600兆円であることを考えると、とてつもない経済インパクトであることが分かる。

```
┌─────────────────────────┐      ┌─────────────────────────┐
│   生成AI技術の既存産業への      │      │   生成AI技術を活用した        │
│   応用による経済インパクト      │      │   生産向上による経済インパクト   │
│                         │      │                         │
│  2.6兆～4.4兆ドル          │      │  6.1兆～7.9兆ドル          │
└─────────────────────────┘      └─────────────────────────┘
```

出所：マッキンゼー・アンド・カンパニー「The economic potential of generative AI（生成AIがもたらす潜在的な経済効果）」（https://www.mckinsey.com/jp/~/media/mckinsey/locations/asia/japan/our%20insights/the_economic_potential_of_generative_ai_the_next_productivity_frontier_colormama_4k.pdf）

生成AIの活用レベルが個人間でも企業間でも大きな差になる時代

このような大きな変化を受け、AIが職を奪うといった悲観的な記事も多い。だが、本書を手に取って下さっている方々のように、この変化にしっかりと向き合い、AIをよきパートナーにできた個人や企業にとっては、むしろ黄金時代が到来するといえる。

まず個人の観点では、タテとヨコに自身の能力を拡張して、自分の専門領域をより深めて仕事のクオリティーを上げられたり、今までスキルの制約で諦めていた領域を横に広げて取り組めるようになるからだ。実際に今でもChatGPTや生成AIを用いたコーディング支援サービスの「GitHub Copilot」（米GitHub）などを用いて、ライティングやコーディングの生産性を数倍から10倍程度に向上させることは可能になっている。さらには、

画像生成AIやコード生成AIなどを用いて、自分の専門領域以外にまで自身の能力を拡張して取り組むことが可能になっている。むしろこうしたAIによる能力拡張に積極的な人材とそうでない人材の能力や価値は、著しく差がついていくだろう。

そして、生成AIを事業や組織に本気で活用した企業とそうでない企業の間にも相当な差が生まれる時代になるだろう。まず生成AIによって新しく生まれる市場機会を獲得できるかどうかに大きな差がつく。さらには組織の生産性で徹底的に生成AIを活用した組織とそうでない組織で今後2〜10倍の差がつくことも現実的になりつつある。そして、それはコスト構造につながり、ひいてはプロダクト競争力の差に直結する。さらには7章で詳しく見ていくが、生成AIによって働き方や仕事の在り方が大きく変わることで、最適な組織の在り方は大きく変化する。その移行スピードにも大きな差が出るのは間違いない。

本書ではそんな可能性と危険性に満ちた生成AIを自社にとっての武器として、事業・組織に最大限生かして企業成長につなげるための考え方やメソッドを解説していく。

▼ 生成AIの活用を経営イシューとしてどれだけ本気で取り組むかが今後の企業の競争力を左右する

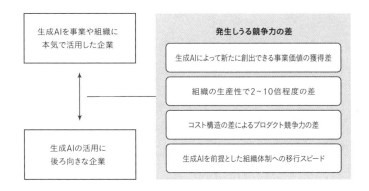

各カテゴリーにおける生成AIの実力

　2章以降で具体的にどのように生成AIを事業や組織に生かすかを解説していくが、その前にまずは生成AIにそもそもどのようなカテゴリーがあり、各カテゴリーで今どこまでのことが実現可能なのかを概観しておきたい。

　まず生成AIのカテゴリー分けはとてもシンプルで、「何を生成できるか」という生成対象によって以下のカテゴリーに大きく分かれる。順を追って見ていこう。

▼ 代表的な生成AIのカテゴリ

① テキスト生成AI	② 画像生成AI
③ コード生成AI	④ ビデオ生成AI
⑤ 音楽生成AI	⑥ 3Dモデル／シーン生成AI

● テキスト生成AI

　まず最も代表的なのはテキスト生成領域だろう。ChatGPTや、米Googleの「Bard」、米Anthropicの「Claude-2」、米Inflection AIの「Pi」などの対話型AIがこのカテゴリーに当てはまる。

　従来はテキストからテキストを生成するという形式が一般的だったが、現在ではテキストや画像など複数のメディアフォーマットの入力に対応するものが増えている。「マルチモーダルAI」と呼ぶもので、その代表格が先述したOpenAIのGPT-4だ。

　例えばGPT-4に右図のように商品写真をアップロードし、その商品をECサイトに掲載する際の商品説明文を作成するように指示をすると、GPT-4がアップロードされた画像を解析した上で、入力されたテキストの指示に従って回答結果を生成する。さらには、つくりたい画面のデザインを画像で送ってコードを生成させたりといったことも可能だ。

▼ GPT-4でテキストと画像を基にライティングさせた例

 You

あなたは優れたコピーライターです。
このデザイナーズチェアを販売するECサイトに掲載する商品説明文を作成してください。
その際に、一般的なECサイトの商品説明文を参考に、300文字程度の"日本語で"作成してください。

ChatGPT

この洗練されたデザイナーズチェアは、モダンなリビングスペースにぴったりの逸品です。高品質の布地で覆われたクッションは、快適さと耐久性を兼ね備えており、長時間の使用にも最適です。スマートなメタルフレームは、洗練された印象を与えつつ、頑丈な支持力を提供します。陽の光が差し込む部屋に置けば、その美しい影が床に映し出され、空間にリズムを与えます。日々の疲れを癒し、上質な時間を過ごすための、あなただけの特等席。今すぐご注文ください。

● 画像生成AI

　画像生成AIは文字通り、テキストや画像などのインプットを通して最終的に画像を生成するAIの総称だ。代表的な画像生成AIサービスとしては「Midjourney」（米Midjourney）、「Stable Diffusion」（英StabilityAI）、「Adobe Firefly」（米Adobe）の3つがあり、以下のようにそれぞれ「クオリティータイプ」「コントロールタイプ」「クリーンタイプ」と捉えると強みが分かりやすい。

▼ 代表的な画像生成サービス

Midjourney	Stable Diffusion	Adobe Firefly
クオリティータイプ	コントロールタイプ	クリーンタイプ

　クオリティータイプの「Midjourney」は、高品質な1枚絵を生成するのが得意だ。だが、その反面、生成する画像の構図や見た目などの細かい指定はできず、学習データに著作権データが含まれる（ただし有料プランであれば商用利用も可能）。特に2023年12月にリリースされた最新バージョンの「Midjourney v6」では、写真とほとんど見分けがつかないクオリティーの画像を生成できる。

▼ 著者がMidjourney v6で生成した画像

https://twitter.com/kajikent/status/1737770325696544851

　一方、コントロールタイプの「Stable Diffusion」は、見た目を制御するための「LoRA」と、狙った構図やポーズで画像生成するための「ControlNet」と呼ばれる手法を用いてキャラクターの見た目や構図などを指定して画像を生成することができる。ただし、現状では画像の完成度がMidjourneyに

やや劣る印象で、Midjourney同様に学習データに著作権データが含まれる。

　最後のクリーンタイプとも呼べる「Adobe Firefly」は、Adobeが保有するストック画像をベースに学習されているため権利的に安全だというのが特徴だ。だが、生成画像のクオリティーは現時点ではMidjourneyに劣る印象で、Stable Diffusionのような細かい指定ができない点もデメリットといえそうだ。

　なお上記の強みの整理はあくまで著者の判断であることを補足したい。特に日本においてアニメや人物画像をつくっている方にとっては、MidjourneyよりもStable Diffuisonの方がクオリティーが高いと判断する人は多いだろう。ファッション、アート、建築などの広範なジャンルでの生成クオリティーとグローバルでの使われ方を想定した場合の特徴分けとして見ていただきたい。

　画像生成AIの与えるインパクトは決して小さくない。既に建築領域では大手建築事務所のWATG（Wimberly Allison Tong & Goo）の設計士が顧客と設計イメージのすり合わせを画像生成AIを用いて行っている。また、顧問先のゼネラルリンク社（東京・渋谷）では、マンガコンテンツの生成に画像生成AIを活用し、大幅な効率化とコンテンツクオリティーアップを実現している。

　この領域は、生成AIの進化がいかに早いかを実感しやすいのも特徴だ。実はMidjourneyは最初のバージョンが登場してから、まだ2年も経っていない。次ページの図は全く同じプロンプトで、「Version 1」と、そこから1年後にリリースされた「v5」、そこからさらに約9カ月後にリリースされた最新の「v6」で画像生成した結果だ。いかに1年で飛躍的にクオリティーが上がってきたかが実感できる。現状まだ未熟に見える生成AIも、各領域で1年でこれくらいの進化をするという前提で向き合うべきだ。

▼ 著者がMidjourneyの各バージョンで同じプロンプトで生成した画像の比較

〈v1〉
2022年2月

約1年

〈v5〉
2023年3月

約9カ月

〈v6〉
2023年12月

● コード生成AI

　生成AIにおいて、コード生成の領域は注目度が極めて高い。前述の
GitHub Copilotの他に知っておきたいのが、ChatGPT上で動く機能
「Advanced Data Analysis（旧Code Interpreter）」と、それをローカルの
PCで制限なしで動かせる「Open Interpreter」、AIネイティブなコードエ
ディタ「Cursor」（米Cursor）の3つだ。

　「Advanced Data Analysis」は一言で言えば、「ChatGPT上で"コードの
実行結果を提供できる"機能」だ。今までのChatGPTでは何かやりたいこ
とを伝えて、それを実現するためのコードを生成してもらうところまでは
できた。だが、そのコードをChatGPT自体に実行して結果を返してもらう
ことはできなかった。

　しかし、「Advanced Data Analysis」では、その「コードの実行」と「結
果の提供」まで担ってくれる。例えば「Advanced Data Analysis」では、
アップロードされたデータを読み込んで必要なPythonのライブラリを駆使
しながらデータの可視化などを行ってくれる。このように単にコードを書
いて実行するだけでなく、Pythonのライブラリの一部を呼び出して実行で
きるため、結果としてデータ分析以外にも画像データのOCRやインタラク
ティブなデータダッシュボードの作成などのタスクも実行可能になっている。

▼ 著者が新型コロナのオープンデータを基にAdvanced Data Analysisで生成した散布図

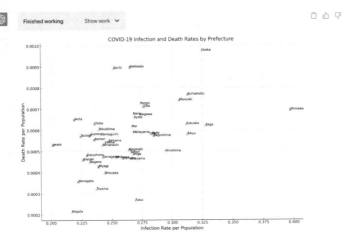

以下の散布図は、各都道府県の人口に対する感染者数と死亡者数の比率を示しています。

　そして、その「Advanced Data Analysis」にインスピレーションを受けてそのオープンソース版ともいえるツールとして公開されているのが「Open Interpreter」だ。

　「Open Interpreter」を使用すると、PythonやJavaScript、Shellといったプログラミング言語のコード実行が、GPT-4やCode Llamaなどの大規模言語モデルとのチャットでの対話だけで可能になる。さらに、ChatGPTの「Advanced Data Analysis」とは異なり、ローカル環境で動作するのも特徴。ファイルサイズやインターネット接続の制約が存在せず、「Advanced Data Analysis」機能より多岐にわたる利用が可能となっている。これによりプログラミングスキルがない人でも、ブラウザでのリサーチ、データのスクレイピング、大規模データの解析など、様々なタスクをチャット形式で簡単に実行できる。

▼ Open Interpreter

出所：Open Interpreter（https://openinterpreter.com/）

　また、最近ではAIファーストなコーディングエディタとして「Cursor」がエンジニアから支持を得ている。現状、GitHub Copilotが記載されたコードの補完という形でAIが支援するのに対して、Cursorでは自然言語を用いてゼロからのコードを生成できたり、チャットでAIが質問に対して応答する機能に力点が置かれている。

▼ Cursor

出所：Cursor（https://cursor.sh/）

現状、生成AIが最も得意とするのが文字列の生成であり、ライティング以上にAIの知識や能力が発揮されるコード生成領域では生成AIを使うのが当たり前の状況になりつつある。企業の観点では、自社のエンジニアがこうしたツールを使いこなせているかどうかで生産性に差が出る状況になりつつある。そのため、利用環境の整備や育成も含めて取り組むことが求められる。

● ビデオ生成AI

映像生成の分野では、米Runwayが提供する「Gen-2」というAIサービスが注目されている。動画の内容を指示するテキストやベースとなる画像をインプットすると、5秒前後の動画を生成してくれるサービスだ。まだ最終的な作品やクリエイティブとして使えるレベルにはない印象だが、簡単なイメージビデオやビデオコンテを作成する上では十分なクオリティーが既に実現されている。

▼ Runway Gen-2

出所：Runway Gen-2（https://runwayml.com/ai-magic-tools/gen-2/）

また、厳密には生成AIではないが、AIを用いた映像制作において米Wonder Dynamicsの「Wonder Studio」も要注目だ。

実写の動画内の人物に好きな3Dアバターを一度ドラッグ＆ドロップする
だけで、動画内の全フレームでの人物の動きを検出してCGキャラクターに
変換した映像を作成できる。オリジナルの3Dモデルのアップロードに加え、
骨格情報やライティングの調整も可能になっている。これは実際に動画を
見てもらった方がイメージが湧きやすいため、次ページのQRコードから著
者が作成した動画をチェックしてみてほしい。

**▼ Wonder Dynamicsを用いて著者が既存動画の人物をCGキャラクターに変
換したデモ**

https://twitter.com/kajikent/status/1675336194186694657

　機能以外にも注目すべきはその支援層の厚さだ。アドバイザーには映画「ジュラシックパーク」「ジョーズ」などで有名なスティーブン・スピルバーグ監督や「アベンジャーズ　エンドゲーム」などを手掛けたジョー・ルッソ監督などが参加する。さらに、世界有数のゲームエンジン「Unreal Engine」や大人気ゲーム「Fortnite」などを展開する米Epic Games、PayPal創業者のピーター・ティール氏が創業・運営しているFounders Fundも投資しており、今後の進化への期待値も大きい。

　まだ動画生成AIでつくられたコンテンツは実ビジネスで活用できるクオリティーのものではないが、先にMidjourneyの例で見たように生成AI領域はたった1年で大幅に進化する。現状は実用レベルでない映像生成領域も、コンテンツ産業やマーケティング活用において無視できなくなるタイミングは近いだろう。

● 音楽生成AI

　音楽生成領域も生成AIの中でもかなり盛り上がっている領域だ。

　この領域で注目なのが2023年12月に登場した「Suno AI」（米Suno）。Suno AIに曲のイメージを伝える文章、もしくは歌詞と曲のスタイルを入力すると楽曲が生成される。日本語の歌詞でもJポップ調やヒップホップ調などで従来の楽曲生成AIよりも格段にクオリティーの高い楽曲が生成されるため話題になっている。個人的に、Suno AIの登場は、画像生成AIにおけるMidjourney登場にあたる転換点であり、Midjourneyが1年で飛躍的に進化したように音楽生成の領域も今後大幅に進化すると確信している。

▼ Suno AI

出所：Suno AI（https://www.suno.ai/）

● 3Dモデル／シーン生成AI

　ゲームやXR／メタバース体験をつくる際に必要となる3Dモデルや3Dシーンの制作は、非常にコストがかさむ領域だ。生成AIはこの領域に大きなインパクトを与える可能性がある。テキストや画像などに比べると3Dモデルはデータの次元が高いこともあり、実用レベルの生成AIサービスが登場するまでにはもう少し時間がかかると思われる。そんな中、テキストから3Dモデルを生成できる3D生成AIサービスとしては「Kaedim」（英Kaedim）が注目されている。

　Kaedimはアップロードされた画像から3Dアセットを生成し、さらにテクスチャーなどの微調整も可能なサービスだ（Kaedimは裏側で人力によるモデル作成も組み合わせられている）。

▼ Kaedim

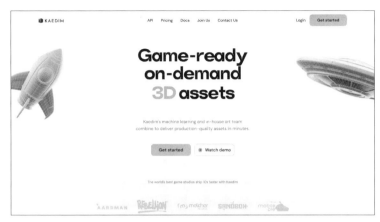

出所：Kaedim（https://www.kaedim3d.com/）

　また、ユーザーが作成したゲームを他ユーザーに向けて公開できるプラットフォーム「Roblox」では、テキストから3Dモデルの見た目や動きを生成する機能を発表しており、将来的にはテキストから一定のレベルのゲーム自体を生成できるようになると思われる。

▼ Roblox

出所：Roblox（https://www.roblox.com/）

各領域で生成AIはどこまで進化するのか

　ここまで各カテゴリーにおける生成AIの実力を紹介してきたが、それがこれからどのような時間軸でどれくらいのレベルまで進化するか、というのも気になるポイントだろう。それを考える上で、米国を代表するベンチャーキャピタルであるSequoia Capitalが「Generative AI: A Creative New World」という記事で公開している領域別の生成AIの進化予想が参考になる。

　それによると、テキスト生成の領域では2025年ごろには幅広い領域で平均的な人間よりも良い文章を書くようになり、2030年ごろになるとどんなプロのライターよりも良い文章を生成するようになるとされている。

　コード生成の領域では、2025年ごろにテキストを入力するだけでプロダクトを丸ごと生成できるようになり、2030年ごろにはテキストを入力するだけでフルタイムのエンジニアチームよりも良いプロダクトをAIが丸ごと生成できるようになるという。

　画像生成AIの領域では、現状モックアップレベルの生成にとどまっているところから、2025年ごろにはプロダクトデザインや建築などの領域で最終アウトプットクオリティーの画像が生成できるようになり、2030年ごろにはプロのデザイナーや建築家よりも優れたアウトプットを生成するようになるとされている。

　最後にビデオ／3D／ゲーム生成の領域では、2030年ごろになると誰でも実用レベルの3Dモデルや動画を生成できるようになると見立てられている。

　個人的な感覚としてもそこまで突飛な予想ではなく、むしろこのタイムラインよりも速く進化が実現する領域もあると考えている。経営者や事業リーダー層は、このような進化のタイムラインの中でいかに自社の事業や組織をアップデートしていくかを考える必要がある。

▼ 各領域における生成AIの進化のタイムライン

	テキスト生成	コード生成	画像生成	ビデオ/3D/ゲーム生成
pre 2020	スパム検知 翻訳 基本的なQ&A	1行の コード補完		
2020	短いコピーの 初稿レベルの 生成	複数行の コード生成		
2022	より長く より高クオリティーな 文章生成	より長く より正確な コードの生成	アート、ロゴ、 写真の生成	3Dモデルや 動画を生成するモデ ルが登場し始める
2023	特定の領域では十分 なクオリティーの文 章生成	特定の領域ではより 多くの領域や言語に 対応したコード生成	デザインや建築等 の領域でモックアッ プレベルの生成	非常にシンプルな3D モデルや動画の生成
2025	平均的な人間よりも 良い文章を生成	テキストを入力する だけでプロダクトを 丸ごと生成	デザインや建築等の 領域で最終アウト プットクオリティーの 画像の生成	より複雑な3Dモデ ルや動画の生成
2030	どんなプロのライ ターよりも良い文章 を生成	テキストを入力する だけでフルタイムの エンジニアチームよ りも良いプロダクト を丸ごと生成	プロのデザイナーや 建築家よりも優れた アウトプットを生成	誰でもハイクオリティー な3Dモデルや動画を 生成できる

初期の試行 錯誤レベル　　あと少しで実務で 使えるレベル　　十分実務で 使えるレベル

Sequoia Capital「Generative AI: A Creative New World」（https://www.sequoiacap.com/article/generative-ai-a-creative-new-world/）を基に著者が作成

｜企業は生成AIをどのように活用していくべきか

　ここまでで、生成AIが企業にとって無視できない、むしろ今後の命運を左右する代物であり、一般に想像されている以上に各分野で生成AIが発展していることが分かっていただけたと思う。この章の最後に企業が生成AIをどのように活用していくべきかについて、大まかな方針を提示しておきたい。

　企業にとっての生成AIの活用と言ったときに、それは「既存事業への導入や新規事業を含めた事業活用」と「生成AIの社内活用による生産性向上」との2つに大別される。

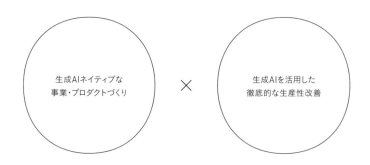

　理想的には、スピード感を持って両者を同時に進めるのがベストだ。インターネットシフトやスマホシフト同様に、今回の大きな変化にいち早く取り組んだ企業が得られる果実は大きいからだ。

　しかし、なかなか経営層の理解が得られず、予算の確保も難しい中で本格的な取り組みができない企業も多いだろう。そうした企業にお勧めなのは以下の2ステップだ。

　まず推奨したい1ステップ目が、生成AI領域の社外有識者に依頼して全社向けの勉強会を実施してもらうことだ。ややポジショントーク気味になってしまうのだが、実際に高い効果を感じている。

　そして最初の踏ん張りどころが、ここに予算を動かす権限を持っている経営層に参加してもらえるように説得と調整をすることだ。経験ある講師であれば生成AIのインパクトや現在地、それをどのように企業で活用していくべきかの道筋を提示し、経営層に危機感を持ってもらうことができるはず。実際に著者もこの種のセミナーを企業向けに多く実施しており、セミナー

後には経営層の取り組みへのスタンスが大きく変化するのを実感している。

　そして2ステップ目が、セミナーで学んだ知見などを基にまずは特定の部署の業務に生成AIを活用し、業務効率の向上成果を定量的につくることだ。業務領域をうまく選定し、適切な活用をすれば特定業務の生産性を2〜10倍にすることはそこまで難しくない。

　そうした定量的でインパクトの大きい実績という武器があれば、生成AIへの取り組みの社内説得のハードルは大きく下がる。どういった業務領域でどのように生成AIを活用すると効果的かは6章や7章で解説していく。こうした2ステップを経由することで、最初は熱量の低い企業でも生成AIへの取り組みを積極化できる。

　ここで注意すべきは、生成AIを活用した事業づくりの成功確率を上げるためにも、経営層や事業リーダー層が生成AIをしっかりと活用すべきという点だ。

　初期のインターネット産業を思い出してほしい。インターネットをよく理解していない経営層や事業リーダーがその技術をうまく事業成長に結び付けられなかったように、生成AIにおいても優れた事業を生み出すためには、その組織を率いる人間が生成AIの"肌感"をしっかりと持っておく必要がある。その意味でも本書の内容を参考にしながら、自分自身や自社の"生成AI活用の練度"を高めることを意識してもらいたい。

　このコラムでは、人類の創作活動やクリエイターの在り方に生成AIが与える影響を考えていきたい。

　まず、「クリエイティビティーは人間の"専売特許"ではなくなった」と言える。

　それを象徴する面白い研究が、独フンボルト大学の「Artificial muses」という研究だ。Jennifer Haase and Paul H. P. Hanel（2023）によれば、人間の創造性を評価するAUT（Alternative Uses Test）というテストで、既にGPT-4がほとんどのタスクで人間を上回り、しかも、GPT-4よりも創造性が高い人は100人中たった9人しかいなかったという結果となった（出所の詳細は下グラフ、次ページグラフの下部に）。

▼ 創造性を評価するテスト（AUT）による評価結果

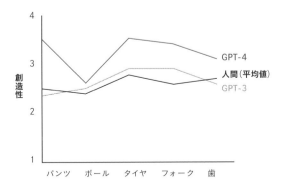

出所：Jennifer Haase and Paul H. P. Hanel（2023），「Artificial muses: Generative Artificial Intelligence Chatbots Have Risen to Human-Level Creativity」,arXiv:2303.12003（https://arxiv.org/abs/2303.12003）

▼ 創造性スコアでGPT-4を上回った人の数（全100人中）

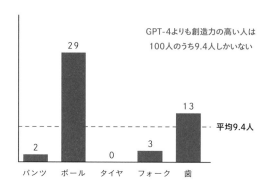

GPT-3は人間と同程度だが、GPT-4は全ての
タスクで人間を上回る結果に。

GPT-4よりも創造力の高い人は
100人のうち9.4人しかいない

平均9.4人

パンツ　ボール　タイヤ　フォーク　歯

出所：Jennifer Haase and Paul H. P. Hanel（2023），「Artificial muses: Generative Artificial Intelligence Chatbots Have Risen to Human-Level Creativity」,arXiv:2303.12003（https://arxiv.org/abs/2303.12003）

　現時点でも既にAIの創造性は人間に迫っている上に、1章で紹介したSequoia Capitalのチャートのように、2030年までにはテキスト領域でも画像領域でも、専門家よりAIが良いアウトプットをつくるという予測が立っている。昨今の技術の進化のスピードを見ると、これはあながち間違った予想ではないだろう。

　つまり、一昔前と違って、AIも創造性を発揮する時代に我々は生きていると言える。AIを活用してつくられたクリエイティブのクオリティーは日々向上しており、AIを活用することはデジタルを使うことと同様にクリエイターにとって前提条件となるだろう。そして、その上で上がり続けるクリエイティブ基準に応えることが求められる。

　では、人間は完全にAIに創造性を明け渡してしまうのか。私は、そうはならないと考えている。むしろAIによって創造性を拡張された個人や企業が活躍する時代が来るだろう。

　当面の間、AIが得意なのは、「確率論的に確からしい答えを生成すること」と「バ

リエーションを大量に生成すること」の2つだ。型や論理を超越したアイデアを出したり、ストーリーテリングで周囲を熱狂させていったりするのは、まだ人間にしかできない行為だ。あくまで人が特定の対象物に創造性を感じる源泉がある種の「異常性」「希少性」「物語性」である以上、AIと役割分担しつつクリエイティビティの核は人が担い続けるだろう。

　そうした意味で、人間とAIが互いに補い合う創造性の形がこれから主流になるであろうし、そのいわば「AIパートナー力」ともいうべき能力が強い企業や個人が、これから存在感を発揮する時代になると考えられる。

　強調したいのが、企業やクリエイターのクリエイティブな行為がAIに代替されることはない、ということだ。

　そうではなく、AIを使いこなした企業やクリエイターがそうでない企業やクリエイターを代替するという構造が、これから起きる変化であると考える。AIはCo-pilot（副操縦士）とよくいわれるが、本当にその通りで、AIは競争相手ではなく、パートナーである。

　そして、これからの時代、AIを良き友にできた企業やクリエイターは強い。そして非常に楽しい時代になるはずだ。なぜなら1人1人に、不眠不休で働く100人の弟子が常に横にいる状態であり、理想を即アウトプットできるからだ。

　しかもスキルの制約はなくなり、センスの良さ・AI対話力がクリエイティブ力に直結する時代になる。そういった意味でAIを親友にできた個人／企業にとっては黄金時代だと思っている。

2章

成功する
生成AI事業／
プロダクトのつくり方

1章で生成AIの活用がこれからの企業の成長に欠かせないことはお分かりいただけただろう。特に「生成AIネイティブな事業・プロダクトづくり」と「生成AIを活用した徹底的な生産性改善」の2つは、企業や経営者にとって避けては通れない大きなテーマになったといえる。

　後者の生産性改善に関しては6章、7章でしっかりと解説していくが、目下経営者が知りたい情報は、前者の生成AIを活用した事業・プロダクトづくりについての知見なのではないだろうか。このテーマについては、重要なテーマである半面、生成AIの知見とプロダクト・事業づくりの知見の双方を持っている人材が少ないため、十分に知見がシェアされている状況とは言い難い。

　私自身は生成AI領域の知見に加えて、新規事業開発やプロダクトデザイン、サービスグロースなどについてこれまで専門的に取り組んできており、様々な企業の生成AIを活用した事業づくりや成長支援に携わっている。

　このチャプターでは、そうした経験から見えてきた成功する生成AI事業・プロダクトのつくり方について解説していく。その中で、最新情報が多くその本質を捉えづらい生成AIの本質的な価値は何なのかについても、7つに分類した上で具体事例とともに言語化をしている。事業づくりには直接関わっていなくとも、生成AIの本質をつかみたいと思っている人はぜひ本章を読んでいただきたい。本章の前半は、生成AIとは直接関係のない新規サービスづくりのプロセスについての解説になっている。優れた生成AI事業をつくり上げる上では欠かせない観点だが、新規サービス開発に精通している人は前半は読み飛ばして、後半の生成AIの本質価値についての解説から読み進めてもらってもOKだ。

▼ 企業の生成AI活用における2大テーマのうち本章で扱うテーマ

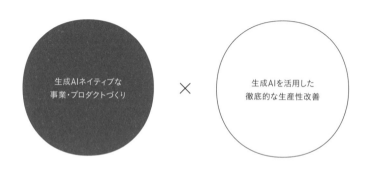

生成AI領域で成功する
事業・プロダクトづくりのポイント

　まず、生成AI領域で成功する事業・プロダクトづくりのポイントを一言で表すと、「意義」と「意味」のデザインだ。
「意義」とは、サービス自体の価値のことであり、解決しようとしている顧客の課題が、顧客にとって本当に深く困っているものか、という観点だ。一方、「意味」とは、生成AIを使う必要性、つまり顧客の課題を解決する手段として本当に生成AI技術の活用がベストか、という観点である。

　生成AI領域のサービスアイデアの良しあしは下図のように「意義」と「意味」の4象限で捉えると分かりやすい。生成AI領域で新しくサービスをつくっていくにあたっては、「意義」と「意味」を兼ね備えた右上の領域のサービスをいかにつくっていくかが鍵となる。

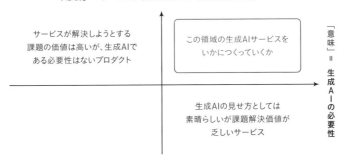

しかし、生成AIのような新しい技術領域でありがちなのが、左上のようにサービスが解決しようとする課題の価値は高いが、生成AIである必要性はないプロダクト（＝意義はあるが意味はないプロダクト）や、右下のように生成AIの見せ方としては素晴らしいが課題解決価値が乏しいプロダクト（＝意味はあるが意義がないプロダクト）になってしまうことだ。

これは少し前にトレンドになっていたメタバースやWeb3サービスの事例を考えてみてもらえれば分かりやすいだろう。ただ単にメタバース、Web3の話題性に乗っかり注目されたサービスは、トレンドが去ると同時に使われなくなる。一方、右上の価値を提供できたサービスは、今でも生き残り、新たな経済圏をつくりつつある。

重要なのは、サービスが解決しようとする課題価値が高く、生成AIの必要性も強くある右上の領域のサービスをいかにつくっていくかであり、これからその方法を解説していく。

｜「意義」と「意味」のつくり方の概観

では、この「意義」と「意味」、サービス自体の価値と生成AIを使う必然性をどのようにデザインしていくべきか──。以下が重要なアクションとなってくる。

1. 「意義」のデザイン：徹底的に顧客を理解し、本質的なユーザーニーズのあぶり出しと検証を行う

2. 「意味」のデザイン：生成AIの本質的な7つの価値をしっかりと踏まえた上で、それを課題解決の中心に据える

つまり、まずはそもそも顧客の課題の解像度を上げて解決すべき課題を設定し、その課題に対して生成AIならではの価値 ＝ 生成AIの本質価値を組み合わせれば、おのずと「意義」も「意味」もあるプロダクトに仕上がるというわけだ。

実はこのプロダクトづくりの考え方は、生成AIに限った話ではない。スタートアップの世界ではカスタマー・プロブレム・フィット（CPF）とプロブレム・ソリューション・フィット（PSF）とも呼ばれるが、顧客がアプロ

ーチしようとしている課題に深く困っている状態と、その課題に対して提供する解決手段がベストなものになっている状態、というのは新規サービス開発においてまず目指すべき状態だ。

しかし、生成AIのような、こと新技術を用いた新規サービス開発の話になると、この当たり前の発想が抜けがちだ。生成AIという目新しい技術を使えばユーザーが食いついてくれるだろうという甘い期待がそうした状況の原因なのだが、そうした技術の新規性によって集めたユーザーの関心はいずれ必ず薄れる。

従って、本章で解説する「意義」と「意味」のデザインという2つのプロセスを明示的に意識して実践することで、解決する課題の価値が高く、ソリューションがベストマッチしている状態を実現し、ユーザーに長く使ってもらえるプロダクトや事業を構築できる可能性は高まるはずだ。

「意義」のデザインのために
徹底的な顧客理解と、
本質的ユーザーニーズの
あぶり出しと検証

×

「意味」のデザインのために
生成AIの「7つの本質的な価値」
を踏まえた上でそれを
課題解決のコアに据える

よりイメージが湧きやすいように、生成AIの事業アイデアをブレストする際に私の顧問先に推奨しているフォーマットに沿って解説していきたい。

そのシートが下記になるのだが、重要なのが中段部分だ。

単にサービスのコンセプトや概要をまとめるだけではなく、「誰のどんな課題を解決するのか」「どの生成AIの本質的価値を組み合わせるのか」を明確に定義する。そうすることで、先に整理したアイデアの象限の右上の「意義」も「意味」もあるプロダクトを考えやすくなる。

ではここから具体的に、「意義」と「意味」のそれぞれをどのように設計していけばいいかを解説していこう。

▼「意義」と「意味」を両立するためのアイデア発想シート

アイデアタイトル		POSTS.
一言コンセプト		
ターゲット顧客	顧客が抱える課題 ✕	生成AI技術の本質価値
ソリューション概要		

「意義」のデザイン

優先すべきは「意義」のデザインから

　まず「意義」と「意味」のどちらから着手すべきかといえば、多くの場合はサービスがそもそも解決すべき課題は何かを考える「意義」のデザインを優先した方がうまくいく。生成AIについての直接的な内容からは外れるが、後半で解説する生成AIの本質価値を最大限生かすためにも重要な観点であり、簡単に解説する。

　前提として、99％のプロダクトは「課題解決型」であり、「誰の・どんな

問題を・どうやって解決するか」、すなわち「顧客・課題・解決法」という構造になっていると考えている。そして、ほとんどのプロダクトが失敗する要因は、そもそも課題が存在しない、もしくは弱い課題の解決を目指すプロダクトになってしまっているためだ。

　そのため、顧客と課題の解像度をいかに高めるか、加えて想定している課題に顧客が本当に深く困っているかを検証することがとても重要になる。

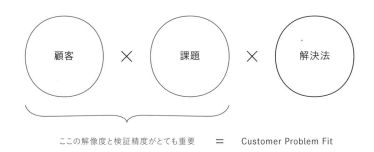

ここの解像度と検証精度がとても重要　＝　Customer Problem Fit

顧客課題のあぶり出しと検証の方法

　では、どのように顧客の課題を浮き彫りにし、それを検証していくのか。それだけで本が何冊も書かれているようなテーマなので、ここではあくまで概要の解説にとどめるが、大まかな流れは以下の通りである。

1. **インサイトの種の収集**：自社や担当自身が抱える課題を整理したり、市場リサーチ、ユーザーインタビューなどにより、日々困っていること、明確な課題までいかずとも気になる事象を集めていく
2. **本質的ニーズ（本質課題）の探求**：収集した事象や発言に対して「なぜ？」という問いを投げかけ、その背景にある行為目標や背景心理を考え、さらにその理由を考えて本質的ニーズを浮き彫りにしていく。
3. **課題の検証（CPFの検証）**：ユーザーインタビューなどを通して、想定している課題を対象とする顧客が本当に深く抱えているかを検証する。

▼ 顧客課題のあぶり出しと検証の流れ

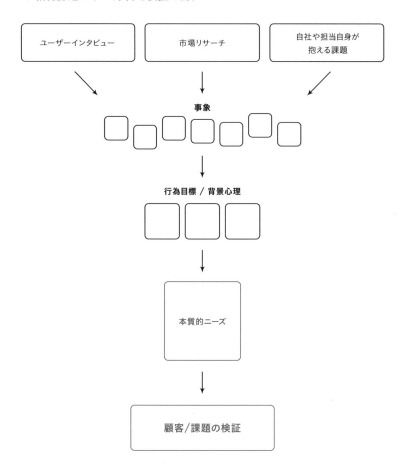

　課題の検証には、米Javelinが考案した「Javelin Board」というフレームワークを私はお薦めしている。具体的な方法については、私の著書『いちばんやさしいグロースハックの教本』（インプレス）に詳しく記述しているので、興味がある方は参照していただければ幸いだ。

　ここでは概要だけまとめておきたい。

▼ Javelin Board

JAVELIN Board

Start here. Brainstorm with stickies, pull it over to the right to start your experiment

Get out of the building!

Experiments	1	2	3	4	5
Customer					
Problem					
Solution					
Riskiest Assumption					
Method & Success					
Get out of the building!					
Result & Decision					
Learning					

Who is your customer?
Be as specific as possible.

What is the problem?
Phrase it from your customer's perspective.

Define the solution only after you have validated a problem worth solving

List the assumptions that must hold true, for your hypothesis to be true.

To form a customer/problem hypothesis:
I believe my customer has a problem achieving this goal.

To form a problem/solution hypothesis:
I believe this solution will result in quantifiable outcome.

To form your assumptions:
In order for hypothesis to be true, assumption needs to be true

To identify your riskiest assumptions:
The assumption with the least amount of data, and core to the viability of my hypothesis is ...

Determine how you will test it:
The least expensive way to test my assumption is ...

Determine what success looks like:
I will run an experiment with # of customers and expect a strong signal of # of customers.

Javelin Boardを用いたサービス仮説検証

先に述べたように、ほとんどのサービスは基本的に「誰の・どんな問題を・どうやって解決するか」という「顧客・課題・解決法」という3つの構成要素のかけ合わせで成り立っている。

そして「Javelin Board」は「顧客・課題・解決法」という1セットの仮説に対して、オフィスの外に出てユーザーと対話をするなどの実験を通し、ピボットを繰り返しながら検証するツールである。

大きく分けて以下の5ステップでアイデアの検証とアップデートを行っていく。

1. 最初の仮説をセットする
2. 最も検証すべき前提を洗い出す
3. 検証方法と判断基準を決定する
4. オフィスの外に出て検証する
5. 学びを生かしてアイデアをアップデートする

【ステップ1】最初の仮説をセットする

まず最初に、自分たちのサービスは「誰の・どんな課題を・どうやって解決する」サービスだといえるのかをチームで議論し、「顧客」「課題」「解決法」の候補それぞれを付箋に書き出しながらブレインストーミングを行う。「解決法」については次に解説する「意味」のデザインで扱うため、最初は空欄にしておき「顧客」と「課題」についてのみアイデア出しする形でも構わない。

ブレインストーミングが終わったら、洗い出した「顧客」「課題」「解決法」のアイデアについてチームで議論し、下図のようにボードの1列目に選んだアイデアを貼っていく。この際に、「顧客」が企業ユーザーと個人ユーザーなど2タイプ以上存在する場合は、「顧客」と「課題」のペアを2つ以上作成する。

今回は例として、「テック系スタートアップ企業」の「社内のナレッジがうまくメンバー間で共有されていない」という課題を、「大規模言語モデルと、顧客企業が利用するSaaSのデータを連携して社内ナレッジを基に回答する

Botサービス」というアイデアを考えてみる。

	実験 ①	実験 ②	実験 ③	
顧客	テック系スタートアップ企業			
課題	社内のナレッジがうまくメンバー間で共有されていない			
解決法	LLMと、顧客企業が利用するSaaSのデータを連携して社内ナレッジを元に回答するBotサービス			

【ステップ2】優先的に検証すべき前提を洗い出す

　この段階でチームで定義している「顧客・課題・解決法」(もしくは「顧客・課題」)という1セットのアイデアは、前提となる複数の想定の上に成り立っている。

　例えば、ステップ1で挙げたアイデアは、「参照すべき情報がドキュメンテーションとして十分に整備されている企業が多いだろう」「社内のナレッジは複数のサービスに分散して蓄積されていて、求めるナレッジを見つけることが難しいだろう」「データ取得のための連携すべきSaaSサービスの種類は現実的な数に収まるだろう」といった複数の前提を想定している。

　従って、これらの前提が間違っていれば、ステップ1で定義した仮説も間

違っていることになる。このように、その前提が崩れてしまうとアイデアが
成り立たなくなってしまうという「検証すべき前提」を可能な限り洗い出す。

前提A	前提B
参照すべき情報がドキュメンテーションとして十分に整備されている企業が多いだろう	社内のナレッジは複数のサービスに分散して蓄積されていて、求めるナレッジを見つけることが難しいだろう

前提C	前提D
データ取得のための連携すべきSaaSサービスの種類は現実的な数に収まるだろう	対象とするスタートアップ企業は国内に十分な数存在しているだろう

　そして、洗い出した前提条件それぞれに対して、検証をしてみないと正
しいか分からない不確実性の度合いとしての「不明度」、前提が崩れたとき
のサービスへのダメージの度合いとしての「インパクト」2軸で評価し、両
者が高い前提条件から優先的に検証していく。

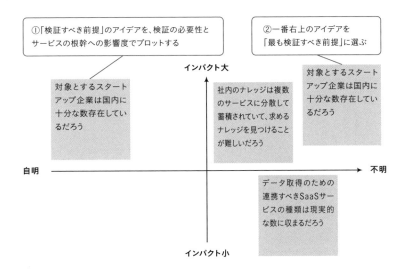

【ステップ3】検証方法と判断基準を決定する

　次に、先ほど選択した「優先的に検証すべき前提条件」が正しいかどう
かを検証する方法を考える。

　初期の検証においては、想定される対象ユーザーに直接ヒアリングしてし
まう方がスピードやコストの面、さらにはユーザーの解像度を上げられると
いう点でお勧めだ。ここでは「参照すべき情報がドキュメンテーションとし
て十分に整備されている企業が多いだろう」と「社内のナレッジは複数のサー
ビスに分散して蓄積されていて、求めるナレッジを見つけることが難しい
だろう」という2つの前提条件を検証するために、対象ユーザー層である「経
営者や管理部門役員」10人に対して「社内ナレッジの蓄積に積極的に取り
組んでいるか」「社内ナレッジが保存されている場所が各職種ごとに3つ以
上に分散しているか」を質問するという方法を考えてみる。

　併せて、ユーザーに実際にインタビューを行う前に、「どんな基準を満た
したら検証対象の前提条件を正しいとみなすか」の判断基準も設定しておく。
インタビューに先んじて設定しておくことで、インタビュー後に自分たち
のアイデアは正しいはずだという確証バイアスが働いて、ユーザーの反応

を無理やり好意的に解釈してしまう事態を避けられる。例えば、上記2つの問いそれぞれに対して「Yesと回答した社数が10社中6社を超えるかどうか」と設定するなどだ。

	実験①	実験②	実験③	
顧客	テック系スタートアップ企業			
課題	社内のナレッジがうまくメンバー間で共有されていない			
解決法	LLMと、顧客企業が利用するSaaSのデータを連携して社内ナレッジを元に回答するBotサービス			
最も検証すべき前提	参照すべき情報がドキュメンテーションとして十分に整備されている企業が多いだろう	社内のナレッジは複数のサービスに分散して蓄積されていて、求めるナレッジを見つけることが難しいだろう	STEP2で選んだ最も検証すべき前提を貼り付ける	
検証方法と達成基準	経営者や管理部門役員に社内ナレッジの蓄積を積極的に取り組んでいるかを聞き、Yesが6社/10社	社内ナレッジが保存されている場所が各職種ごとに3つ以上に分散しているかを聞き、Yesが6社/10社	「検証方法」と「達成基準」を貼り付ける	
建物の外に出よう				

【ステップ4】オフィスの外に出て検証する

「優先的に検証すべき前提条件」とその「検証方法」「判断規準」が決まったら、さっそくオフィスの外に出て検証する。「オフィスの外に出る（Get out of the building）」というのは、比喩的にスタートアップの世界でよく使われる。新規事業開発に慣れていない人は仮説の検証をデスクトップリサーチなどでスマートに行おうとするが、生のユーザーとの直接の対話以上に学びになるものはなく、必ずユーザーとの直接対話を行うべきだ（その意味でZoomなどを用いれば物理的にオフィスを出る必要はない）。

【ステップ5】学びを生かしてアイデアをアップデートする

多くの場合、ユーザーへのインタビューを通して最初の仮説が間違っていたことに気づくケースが多い。むしろ新規サービスの成功率の低さを考えれば、最初の仮説が当たっている確率の方が圧倒的に低い。

しかし、ここで直接ユーザーとの対話を行ったチームは、重要な資産を得ている。それはユーザーの生の声を聞いたことによる初期には見えていなかった様々な気づきだ。それは、より相性の良い別のユーザー層かもしれないし、対象ユーザーが抱える別の大きな課題かもしれない。そうした気づきを基にアイデアをアップデートすることで、初期よりも解像度の高いサービスアイデアを練れるはずだ。

例えば今回の例では、下図のように1つ目の仮説は合っていた反面、2つ目の仮説はスタートアップにおいては「Notion」や「Google Drive」などの少数のサービスに集約されており間違っていることが分かったとする。

しかし、インタビューの中で「むしろ前職の大企業で社内ナレッジが散逸していたことに課題を感じていた」と発言するインタビュー相手が多数存在していたことから、むしろターゲット顧客を大企業に移して再度アイデアを調整して検証することに可能性を見出すことができる（もちろんこれはあくまで例であり、スタートアップ向けにも事業として成り立つ可能性を否定するものではないことは補足しておく）。

最も検証すべき前提	参加...メンテーションとして十分に整備されている企業が多いだろう	...ナレッジは複数のサービスに分散して蓄積されていて、求めるナレッジを見つけることが難しいだろう	
検証方法と達成基準	経営者や管理部門役員に社内ナレッジの蓄積を積極的に取り組んでいるかを聞き、Yesが6社/10社	社内ナレッジが保存されている場所が各職種ごとに3つ以上に分散しているかを聞き、Yesが6社/10社	
建物の外に出よう			
結果と判断	結果：8/10 想定は正しい	結果：2/10 想定は間違い	
学習したこと	スタートアップ企業はナレッジ蓄積に積極的に取り組んでいるがNotionやDriveなどに集約して保存されており課題感は薄い。むしろ前職の大企業で社内ナレッジが散逸していたことに課題を感じていたインタビュー相手が多数。		インタビューから得られた判断と学びをまとめておく

こうした一連のステップを何周も繰り返すことで、チームで確証を持てるサービスアイデアを見つけていくことが重要だ。

┃「意味」のデザイン

「意義」のデザインのプロセスで、顧客が本当に困っている課題、言い換えると「真に解決すべき課題」が定まったら、次はその課題をどう解決するかを考えるプロセスに入っていく。その際に、やみくもに生成AIを使うのではなく、「生成AIの本質的な価値」をしっかりと押さえた上で、それら「生成AIならでは価値」が生きるような課題解決の方法を考える。まずは生成AIの本質的価値をきちんとつくり手が理解した上で、「意義」のデザイン

で設定した顧客の課題とかけ合わせてサービスをつくる、という考え方だ。

そして、これは同時に「生成AIの本質的な価値」が発揮されないようなら、潔く生成AI以外の方法での課題解決を模索するべき、ということも意味する。それでは実際に「生成AIの本質的な価値」とは何なのかを解説していこう。

生成AIの7つの「本質的な価値」

日々新しい生成AI系のサービスや事例が流れてくるため、生成AIは万能な道具のように見えてしまったり、逆に生成AIの本来の強みが見えづらかったりする。しかし、実際に成功している生成AIサービスの数々を抽象化し、その本質的な価値を整理すると以下の7つに集約できると私は考えている。以下で、それぞれについて解説していこう。

▼ 生成AIの7つの「本質的な価値」

①	コンテンツの創造コストを限りなくゼロにする	②	システムによる限りなく自然な対話の実現
③	非構造化データのベクトル化による柔軟な処理	④	コンテンツのマルチモーダル化
⑤	高単価専門知識の民主化	⑥	言語障壁の軽減
⑦	新たなインプット手法の実現		

【本質的価値1】コンテンツの創造コストを限りなくゼロにする

　生成AIの第一の本質的価値は、「創造の限界費用」を限りなくゼロに近づけることである。「創造の限界費用」という言葉は、世界的ベンチャーキャピタルのAndreessen Horowitzのマーティン・カサド氏とサラ・ウォン氏の記事から引用している。彼らの「マイクロチップが計算の限界費用をゼロにし、インターネットが情報流通の限界費用をゼロにしたように、生成AIは創造の限界費用をゼロにする」という主張は、生成AIのインパクトを見事に言い当てている。

　生成AIはその名の通り、何かを生成する能力を有したAIを指す。この生成AIによって従来は多大なコストをかけないとつくることが難しかったコンテンツを、限りなく少ない労力で生み出せるようになっている。

　それによって以下の3つの具体的なユーザーベネフィットを生んでいる。

　1. コンテンツ制作のコストを大幅に軽減する
　2. 無数のバリエーション生成を可能にする
　3. 顧客ごとにコンテンツのパーソナライズを可能にする

　それぞれ1つずつ具体的なサービス例とともに紹介しよう。

1-1. コンテンツ制作のコストを大幅に軽減する

　AIライティングツールの「Jasper」（米JasperAI）は、ブログ記事やマーケティングコピーなど、作成したいコンテンツの種類やテーマを入力するだけで人間の代わりにライティングを行ってくれる。ユーザーはJasperが作成したコンテンツをエディターで調整するだけで様々なコンテンツを制作でき、制作費用を大幅に削減できる。Jasperは2023年10月時点で評価額17億ドル、累計調達額は1.9億ドルと、急成長している企業の一つである。

▼ Jasper

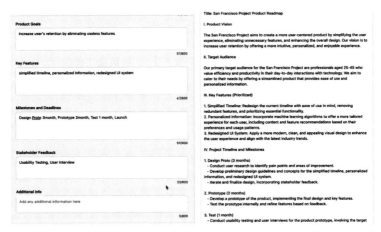

出所：Jasper（https://www.jasper.ai/）

1-2. 無数のバリエーション生成を可能にする

　また、写真加工サービス「Picsart」（米 Picsart）は、特定の商品画像に対して無数のバリエーションを生成することが可能だ。

▼ Picsart

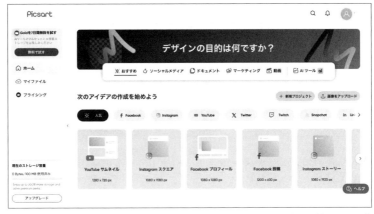

出所：Picsart（https://picsart.com/）

Picsartに商品の写真をアップロードすると、自動で背景が切り抜かれ、入力されたテキストプロンプトに基づいてその商品画像に対して様々な背景画像が生成され、複数パターンの商品画像を作成できる。

1-3. 顧客ごとにコンテンツのパーソナライズを可能にする

　動画生成サービスの「tavus」（米Tavus）にも注目だ。1つの動画を撮るだけで相手ごとにパーソナライズされた動画を生成できる。ユーザーは商品紹介などのビデオを1つ録画すると、相手の名前や会社名などに該当する部分を生成されたユーザーの声で自動で置き換え、あたかも相手だけに作成されたかのような動画を作成可能だ。

　こうしたパーソナライズされた動画により、マーケティングやカスタマーサクセス、リクルーティングなどの用途で通常の動画よりも高い効果を生んでいる。実際に彼らのサイトを見ると、MetaやSalesforceなどの大手テック企業が導入しているとうたわれており、累計調達額は2023年10月時点で600万ドル程度だが、今後注目のスタートアップの1社だ。

▼ tavus

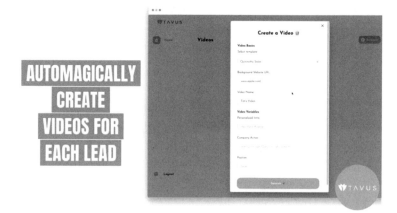

出所：tavus（https://www.tavus.io/）

【本質的価値2】システムによる限りなく自然な対話の実現

　生成AIの2つ目の本質的価値は、システムによる限りなく自然な対話の実現にある。ChatGPTで既に実感されている方も多いと思うが、大規模言語モデルの登場とその進化により、システムが人間に対して今までに比べると圧倒的に自然な対話を行えるようになった。

　この強みを生かして具体的に以下の3つのユーザーベネフィットが生まれており、それぞれの価値に対応して展開されている生成AIサービスの事例をここでも紹介しよう。

1. 対人対応コストの大幅な削減
2. インターフェースの自然言語化による操作コストの低減
3. 体験内コンテンツのインタラクティブ化・セミ自律化

2-1. 対人対応コストの大幅な削減

　カナダのAdaは、企業が顧客に提供するチャット形式のカスタマーサポートを大規模言語モデルを活用して自動化することで、顧客対応のコストの大幅削減を可能にするサービス「Ada」を提供している。

　顧客企業のWebサイトやアップロードされたドキュメントから企業や商品の情報を事前に学習し、ユーザーから企業や商品に関する質問をされた際に、自社の情報に基づいた回答を自動で返してくれる。Adaは2023年10月時点で評価額12億ドル、累計調達額は1.9億ドルと、非常に成長しているユニコーンスタートアップ。国内では、私の顧問先の一社であるwevnal（東京・渋谷）が「BOTCHAN AI」という同様のモデルのサービスを展開しており、急速に導入企業数と導入効果を積み上げている。

▼ Ada

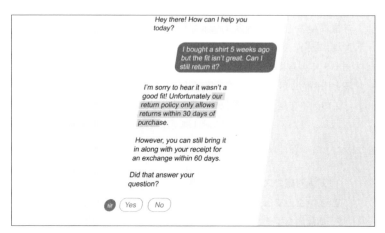

出所：Ada（https://www.ada.cx/）

2-2. インターフェースの自然言語化による操作コストの低減

「Adept」（米 Adept）は、ユーザーが自然な言葉で指示するだけで、例え
ばセールスフォースや不動産の契約サイトなどの複雑なサイトの操作を、ユ
ーザーに代わって自動で行うサービスだ。

　こうしたサービスの操作には従来は多くのステップが必要で、セールスフ
ォースなどはその運用に特化したコンサルティングサービスが存在するほどだ。
だが、Adept であれば、ユーザーは「●●さんを■■社に新規リードとして
登録して」と自然言語でテキストを打ち込むだけで操作を完了できる。こ
うした複雑な操作のインターフェースを自然言語で提供することにより価
値を発揮するサービスは、Adept 以外にも多く登場すると思われる。Adept
は 2023 年 10 月時点でまだサービスを公開していないが、評価額は 10 億ド
ル以上、累計調達額は 4.1 億ドルと、今後の展開が大いに期待されているユ
ニコーン企業の一つといえる。

▼ Adept

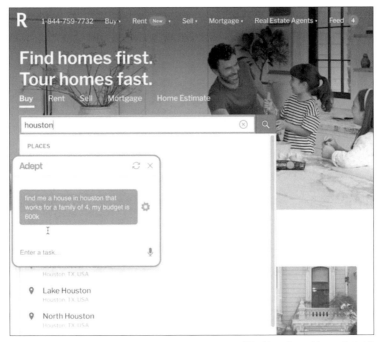

出所：Adept（https://www.adept.ai/）

2-3. 体験内コンテンツのインタラクティブ化・セミ自律化

　また、米 Inworld は、体験内コンテンツのインタラクティブ化や半自律化といった領域で急成長している。ゲーム体験において、従来は NPC（RPGゲームの村人などの非プレーヤーキャラクター）は事前に決められた単調な返答しかできないのが基本だった。だが、Inworld は大規模言語モデルを用いることで、開発者が事前に設定した性格や背景ストーリーなどに基づき、多様で柔軟な対話が可能なゲーム内 NPC の作成をノーコードで可能にしている。Inworld は 2023 年 10 月時点で評価額 5 億ドル、累計調達額 1.2 億ドルと、同じく米 Convai といった競合スタートアップと共に非常に注目されている企業である。

出所：Inworld（https://inworld.ai/）

【本質的価値3】非構造化データのベクトル化による柔軟な処理

　非構造化データをベクトル化して様々な処理を可能にするという生成AIの強みは、非常に重要な特徴でありながら見落とされがちな生成AIのコア価値の1つである。

　従来の機械学習では、データはフォーマットなどが構造的にきちんと整理されていないと、原則的にはうまく処理することができなかった。しかし、生成AIサービスで主に用いられている大規模言語モデルは、入力されたテキストなどの非構造化データをベクトルという数値データに変換して処理できるため、例えば社内の共有クラウドに上がっているファイル群やオンラインの記事群などを読み込ませて、分析やライティングなどの処理を行わせることが可能になっている。

　それにより、以下の具体的なユーザーベネフィットを生んでいる。

1. 非構造化データの文脈を加味した検索を可能にする
2. 非構造化データからインサイト抽出を可能にする

ここでは、上記に対応した具体的なサービスを2つ紹介する。

3-1. 非構造化データの文脈を加味した検索を可能にする

　非構造化データのベクトル化という特性を生かした生成AIサービスの代表例として、「Glean」（米Glean Technologies）というサービスが挙げられる。このサービスは、「Googleドライブ」や「Notion」「Confluence」などの社内データがたまっているオンライン上のアプリケーションと連携し、それらの社内のナレッジ情報を対話型のインターフェースで効率的に検索できるようにするサービスだ。

▼ Glean

出所：Glean（https://www.glean.com/）

　調査機関のIDCリサーチによる「Information Worker Survey」によると、典型的なナレッジ・ワーカーの労働時間の4分の1以上が情報の検索に費やされており、社内のコンテンツが他の社員がアクセスできる場所に掲載されている比率は全体の僅か16％に過ぎないという調査結果が出ている。Gleanは、こうしたホワイトカラーの社内情報検索という領域で実際に多くの企業で業務効率改善の実績を上げており、現在では豪Canva、米Okta、米Duolingoなどの多くのIT企業が導入している。

3-2. 非構造化データからインサイト抽出を可能にする

　米AlphaSenseは、オンライン上の記事や開示情報、調査機関のレポートなどの非構造化データから、インサイトを自動抽出することで価値提供するサービスを展開している。米Teslaや米Nvidiaなどの特定企業に関して、開示されている業績情報やニュース記事、米Goldman Sachsや米J.P. Morganなどが提供しているリサーチペーパーなどを基に、AlphaSenseのシステムが自動的に分析レポートを作成する。これによりコンサルティング企業や投資会社の担当者は、リサーチ業務を効率的に行うことができる。

　AlphaSenseは、2023年10月時点で累計6.2億ドル調達しており、S&P100（米国の時価総額上位100社の上場企業リスト）のうち85%の企業、トップアセットマネジメントファームの75%、トップコンサルティング企業の80%が既に導入しているという、非常に高い市場シェアを誇っている。

▼ AlphaSense

出所：AlphaSense（https://www.alpha-sense.com/）

【本質的価値4】コンテンツのマルチモーダル化

　生成AIの第4の価値は、テキストなど単一種類のデータ（シングルモーダルなデータ）から複数のデータ種類からなるコンテンツ（マルチモーダ

ルなコンテンツ）を生成することで、よりコンテンツの価値を高めること
を可能にするという価値である。

　AIの世界では「モーダル」という言葉がよく出てくるが、簡単に言うと、
テキスト、音声、画像など、データの種類・種別（モダリティー）のこと
を指す。GPT-4Vを筆頭にAIの文脈で「マルチモーダル」という言葉がよ
く出てくるが、それはテキストや画像などマルチ（複数）なデータを扱え
るということを意味する。

　この価値を生かしたサービスの具体例としては、テキストの原稿を入力
するだけで、人と見分けがつかないAIアバターが自然な発話と動きで話し
ている動画を生成できる英Synthesiaが挙げられる。Synthesiaは1章で紹
介した通り、社内研修やセールスイネーブルメント、マーケティング用の
プロダクト紹介ビデオなどに用途を絞っており、現時点でも実用的なクオ
リティーを実現している。そのため、Johnson & JohnsonやAmazonなど
Fortune500（米国の大企業リスト）の半数以上を含む、5万社以上が既に
導入しているという。2023年10月時点で累計約1.6億ドル調達、評価額
は約10億ドルと、市場からも非常に評価されている。

▼ Synthesia

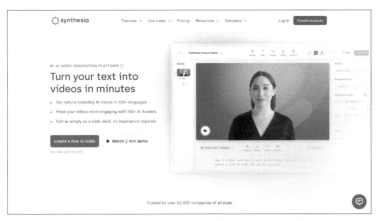

出所：Synthesia（https://www.synthesia.io/）

　また、テキストを入力するだけで文字や生成された画像が挿入されたプ
レゼンテーションスライド資料を生成してくれる「Tome」（米Magical
Tome）も成長している。現時点では、Tomeを使って実用に足るクオリテ

ィーの資料をつくることは難しいと個人的には感じているのだが、2023年時点で累計750万ドル調達しており、今後の進化が非常に楽しみな生成AIサービスの一つであることは間違いない。

▼ Tome

出所：Tome（https://tome.app/）

　こういった、単一または少数のモーダルの入力から、マルチモーダルでよりリッチなアウトプットを生成することで、コンテンツの使用価値を高めるようなサービスは今後も増えていくと思われる。

【本質的価値5】高単価専門知識の民主化

　5つ目の価値として、高度な専門知識の民主化が挙げられる。これは、2つ目のAIによる自然な対話が行えるという価値と、3つ目の非構造化データのベクトル化による柔軟な処理という価値を組み合わせることによって生じている価値だと言える。

　大規模言語モデルに法律文書や医療データを学習させることで、法律分野や医療分野といった本来は高度な専門知識が必要な領域の民主化も進んでいる。

　例えば、「Ironclad」（米Ironclad）というサービスは、契約書の作成やレビューを自動化するプラットフォームを契約業務の多い企業向けに提供

している。利用企業はIroncladに契約書のドキュメントをアップロードすると、IroncladのAIが自動的に契約書をレビューしてくれ、注意すべき条項の提示や修正文言の提案などを行ってくれる。実際に利用企業の1社である大手化粧品会社の仏ロレアルは大量のベンダー契約書のレビュープロセスをIroncladで大幅に効率化しているとされている。

▼ Ironclad

出所：Ironclad（https://ironcladapp.com/）

　また、医療分野においても、臨床実験レベルだがGoogleが開発する医療特化版大規模言語モデルの「Med-PaLM2」は、実際の病院でのテスト運用を開始。既に特定領域で人間の医師よりも診断の正確性が高いという結果も出ている。

▼ Med-PaLM2

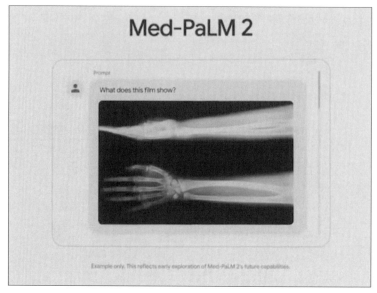

出所：Med-PaLM2（https://sites.research.google/med-palm/）

【本質的価値6】言語障壁の軽減

　6つ目の価値として挙げられるのは、言語障壁の軽減である。

　GPTなどの大規模言語モデルは様々な言語の学習データを、ベクトル変換して処理するということは既に解説した通りだ。だが、それはいわば様々な言語のデータを学習する際にAIが自分だけに分かる独自の言語に全てを翻訳して脳内に蓄積しているような状態に近い。つまり大規模言語モデルは言語の壁が極限までなくなった状態で知識を保存するのだ。

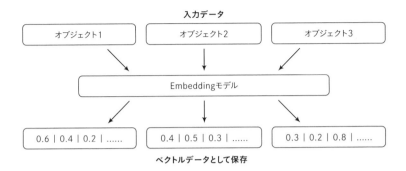

このように大規模言語モデルの登場によって言語の壁は薄れつつあり、今後大規模言語モデルが発展していく中で言語の壁はますます融解していくだろう。

例えば、4つ目の本質的価値で紹介したSynthesiaでは、英語など1つの言語のテキスト原稿を入力するだけでスペイン語やフランス語、ドイツ語などの多言語のバージョンの動画も一度に生成することが可能だ。

この特徴を生かした生成AIサービスは今後も増えるだろう。そして、別の角度でこの特徴を見ると、今までは言語の壁で海外サービスが日本市場に進出しづらく国内プレーヤーが比較的戦いやすい状況だったが、これからは海外サービスの日本語対応のスピードは格段に上がり、早期から海外サービスとの競争になるケースは増えるはずだ。逆にいえば、今まで言語の壁によって国内サービスが海外に進出しづらかった状況もこれによって変わる可能性が高く、こうした変化も経営層としては認識しておくべきだろう。

▼ Synthesia

出所：Synthesia（https://www.synthesia.io/）

【本質的価値7】新たなインプット手法の実現

　7つ目は、一般的なテキスト入力ではなく画像だけで指示を送るなど新たなインプット手法を実現するという価値である。これは比較的新しく実現しつつある価値であり、事業として大きく成長しているサービスはまだ出てきていないが、OpenAIのGPT-4Vで画像入力に対応したAPIが公開されたことにより今後注目が集まるであろう価値の1つだ。

　その兆しとなるサービスを1つ紹介する。英TLDrawが提供するオンライン図解ツール「tldraw」がGPT-4VのAPIを利用して提供している機能「tldraw makereal」では、ラフに図を作成したり手書きのイラストを貼るだけで、GPT-4VのAPI経由でその画像を読み取り、仕様をうまく解釈した上でソースコードと実際に動くモックアップが作成される。ソースコードやモックアップをつくるために画像を入力するという全く新しい体験がそこでは実現されている。

▼ tldraw makerealで左側で作成した図解を基に右側のモックアップが実装
されている様子

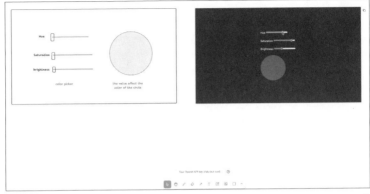

出所：tldraw makereal（https://makereal.tldraw.com/）

　この他にもデモのレベルでは、自分の全身画像を送ってファッションのア
ドバイスをもらったり、食事の画像を送ってヘルスケアや栄養観点でアド
バイスをもらったり、冷蔵庫の中の写真を送ってレシピを提案してもらう
などの体験がGPT-4VのAPIなどで実現しており、こうした新しいインプッ
ト手法によるサービスは今後増えていくだろうと思われる。

優れた生成AIサービスの
アイデアを考えるためのロードマップ

　今までの内容のまとめとして、意義と意味のかけ合わせで優れた生成AI
サービスを考えるための具体的なステップを整理しておきたい。これから
新規に生成AIサービスを立ち上げようと思っているチームはぜひ、以下の
プロセスを参考にしてワークショップなどを実践してほしい。サービスデ
ザインの基本的プロセスの解説にもなっているため、そうした領域に精通
している人は読み飛ばしてもらってもOKだ。

▼ 意義と意味のかけ合わせで優れた生成AIサービスをつくるためのロードマップ

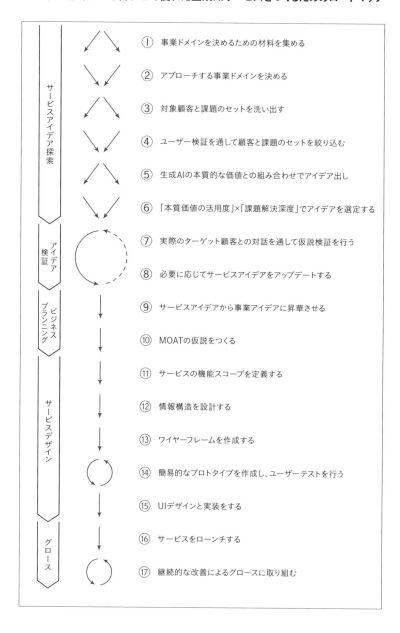

サービスアイデア探索

① 事業ドメインを決めるための材料を集める

② アプローチする事業ドメインを決める

③ 対象顧客と課題のセットを洗い出す

④ ユーザー検証を通して顧客と課題のセットを絞り込む

⑤ 生成AIの本質的な価値との組み合わせでアイデア出し

⑥ 「本質価値の活用度」×「課題解決深度」でアイデアを選定する

アイデア検証

⑦ 実際のターゲット顧客との対話を通して仮説検証を行う

⑧ 必要に応じてサービスアイデアをアップデートする

ビジネスプランニング

⑨ サービスアイデアから事業アイデアに昇華させる

⑩ MOATの仮説をつくる

サービスデザイン

⑪ サービスの機能スコープを定義する

⑫ 情報構造を設計する

⑬ ワイヤーフレームを作成する

⑭ 簡易的なプロトタイプを作成し、ユーザーテストを行う

⑮ UIデザインと実装をする

グロース

⑯ サービスをローンチする

⑰ 継続的な改善によるグロースに取り組む

【ステップ1】事業ドメインを決めるための材料を集める

　まずは、方向性を決めていく上での材料を集める。そのために、生成AI
サービスの国内外の事例のリサーチや、自分たちが事業を通して実現した
いこと、自社や顧客の課題などの棚卸しを行う。

【ステップ2】アプローチする事業ドメインを決める

「参考となる先行サービスで特に興味を持った領域はどこか」「自分たちが
この先10年間コミットし続けられる領域はどこか」「自分たちや身の回り
で直面している課題のうち、強く解決したいと思えることは何か」などの
問いをヒントに、「大企業 × データマネジメント × 生成AI」や「画像系
SNS × 生成AI」などの粒度感でアプローチする事業ドメインを決めていく。

【ステップ3】対象顧客と課題のセットを洗い出す

　事業ドメインを選んだら、そのドメインにおいて「誰の・どのような問
題を解決するのか」という「顧客」と「課題」の組み合わせの仮説をなる
べく多く洗い出す。

【ステップ4】ユーザー検証を通して顧客と課題のセットを絞り込む

　洗い出した「顧客」と「課題」のセットの仮説のうち、どのセットに可
能性がありそうかをチームでの議論やユーザーとの直接対話を通して数個
のセットに絞り込む。

【ステップ5】生成AIの本質的な価値との組み合わせでアイデア出し

　選定した「顧客」の「課題」に対して、生成AIの本質的な価値を組み合
わせながら、課題を解決するためのサービスのアイデアを先に紹介したア
イデアシートに記載しながら出していく。

▼ 生成AIサービスを考えるためのアイデアシート

アイデアタイトル		**POSTS.**
一言コンセプト		
ターゲット顧客	顧客が抱える課題　×　生成AI技術の本質価値	
ソリューション概要		

【ステップ6】「本質価値の活用度」×「課題解決深度」でアイデアを選定する

　チームでブレストしたサービスアイデアについて、生成AIの本質価値を生かしたサービスになっているか、選定した課題に対して解決方法は有効に働きそうかという観点で検証を進めるサービスアイデアを数個選定する。

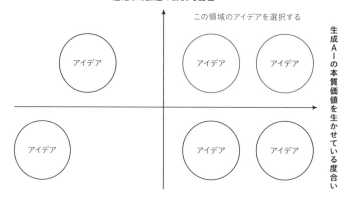

選定した課題の解決可能性

この領域のアイデアを選択する

生成AIの本質価値を生かせている度合い

【ステップ7】実際のターゲット顧客との対話を通して仮説検証を行う

　選定したサービスアイデアで定義されている「顧客・課題・解決法」のセットを前述のJavelin Boardにセットした上で、検証すべき仮説を洗い出し、優先度の高い項目から実際に顧客との対話を通して検証を行う。

【ステップ8】必要に応じてサービスアイデアをアップデートする

　多くのケースにおいて、最初のサービス仮説は誤りであることが多い。顧客との対話で得られた学びを生かして、適切にアイデアを修正しながら最終的な「顧客・課題・解決法」のセットを選定する。

【ステップ9】サービスアイデアから事業アイデアに昇華させる

　この段階までは、まだマネタイズプランや競合優位性の観点が入っていない「サービスアイデア」の粒度にとどまっている。下図の「ポジショニングステートメント」や「Lean Canvas」（リーンキャンバス、詳細は6章に）といった事業アイデアを整理するためのフレームワークを埋めながら、事業アイデアのレベルにプランを精緻化していく。

▼ ポジショニングステートメント

> **以下の文章が埋められて、かつそれを検証できているか？**
>
> あなたの製品（サービス）は【 ターゲットが抱える課題 】という課題を抱えている
> 【 メインのターゲット顧客 】向けの【 製品カテゴリー 】の製品（サービス）であり、
> 【 製品が解決できること 】することができる。
> そして【 対抗製品 】とは違って、この製品（サービス）には
> 【 差別化ポイント 】が備わっている
>
> 例　Glean
> これは、「社内の情報が散逸しており社員が求める情報を探すのに時間がかかっている」という課題を抱えている「社員数を多く抱える中規模以上の企業」向けの「大規模言語モデルを活用した社内ナレッジ検索サービス」の製品であり、「社内の複数のSaaSサービスと連携したアシスタントAIに対話形式で様々な社内ナレッジを聞く」ことができる。そして「企業向けChatGPT系のサービス」とは違って、この製品には、「SaaSアプリケーションとの連携による最新情報の取得と、ユーザーの閲覧権限ごとの回答の出し分け機能」が備わっている。

▼ Lean Canvas（リーンキャンバス）

ユーザーが 抱える課題 Customer Segments	ソリューション Solution	独自の 価値提案 Unique Value Proposition	競合優位性 Unfair Advantage	顧客 セグメント Customer Segments
	主要指標 Key Metrics		顧客との接点 Channels	
コスト構造 Cost Structure			収益の流れ Revenue Streams	

『Running Lean──実践リーンスタートアップ』（アッシュ・マウリャ 著、オライリー・ジャパン、2012年）や、アッシュ・マウリャ氏のブログ（https://blog.leanstack.com/）などを基に著者作成

　ここで1つポイントになるのは収益モデルの設計だ。GPTなどのAPIを利用してサービスを提供する場合、ユーザーが生成AI機能を使えば使うほどAPI利用費という形でコストがかかってくる。そのため、消費者向けでも企業向けサービスでも、利用量に応じてコストを負担してもらう従量課金の形式を取れると望ましい。

　ただ、その際に完全に従量課金制にしてしまうとユーザーがトータルでかかるコストを読みづらくなり、課金転換率が低くなってしまう可能性がある。ベースとして月額で一定の利用枠を提供して固定額を請求しつつ、その枠を超える利用に関しては従量課金にする、という形式が最もうまくいくケースが多い。

【ステップ10】MOATの仮説をつくる

　MOATとは、自社の事業を城に見立て、競合という敵から攻められた際にその城（＝自社の事業）を守り続けてくれる「堀（moat）」のことを指す。つまりビジネスにおいては、「中長期で競合企業に負けない理由」のことである。
　今現在、競合に優れている点としての差別化要因とは異なり、「一度勝ち取った市場をその先も守り抜けるのか、勝ち続けられるのか」という問い

への答えがMOATである。

生成AIサービスにおけるMOATは、通常のアプリ／Webサービスよりも設計が難しいため、ここで少し解説をしておきたい。

なぜ通常のサービスよりもMOATの設計が難しいかというと、下図のように多くの生成AIプロダクトがそのコア機能をOpenAIのGPTなどの外部のAPIやサービスに依存しており、機能それ自体が長期の差別化になることは少ないからだ。短期的に優れた機能を生み出しても、後からビッグテックやOpenAIなどが優れたAIモデルを提供し、優位性が一夜にして無効化されることは容易に想像できる。

▼ 生成AI関連のテクノロジーレイヤー

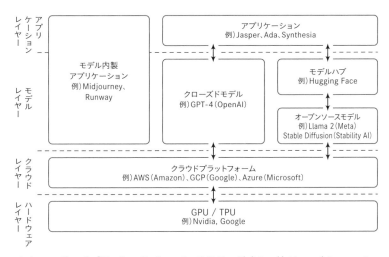

Andreessen Horowitz「Who Owns the Generative AI Platform?」（https://a16z.com/who-owns-the-generative-ai-platform/）を基に著者作成

では、生成AIサービスにおけるMOATのパターンとはどのようなものかあるのか。私は以下の6パターンが王道だと考えている。以下を参考に自分たちのサービスが中長期で勝ち続けるためのMOAT仮説を設計してほしい。

▼ 生成AI領域における6つのMOATパターン

1. 他社が得にくい独自データを蓄積・活用し、顧客が増えれば増えるほ

どサービスの精度が高まる構造をつくる

2. ネットワーク効果（新しいユーザーが増えることで既存ユーザーへの
   サービス価値を増加させる効果）が生きる領域でスピード勝負をする

3. サービス変更やデータ移行など、利用ユーザーにとってのスイッチン
   グコストを高める

4. プロダクトに付随してユーザー価値を生むコンサルティングサービス
   など、他社が追随できない組織体制とオペレーションを構築する

5. キャラクターIPなどの希少資源を先に押さえる

6. 大手代理店との資本提携によるセールス販路や自社メディアなどのマー
   ケティングチャネルなどで、独自かつ強力なユーザー獲得チャネル
   を押さえる

【ステップ11】サービスの機能スコープを定義する

　Jeff Patton氏が提案した「ユーザーストーリーマッピング」という手法
を用いて、サービス全体に要求される機能の洗い出し、初期にリリースす
るMVP（Minimum Viable Productの略で顧客のニーズを満たす必要最小
限のプロダクト）の仕様設計、開発ロードマップの大枠の策定を行う。
　ユーザーストーリーマッピングの具体的なステップは以下の4つだ。

1. サービスに関連するユーザーの具体的な行動をできるだけ多く付箋に
   書き出す

2. ユーザー行動を時系列に並べつつ、グルーピングする

3. 各ユーザー行動グループの下に、そのユーザー行動を実現するために
   サービス側で必要な機能をできるだけ多く洗い出す

4. 初期リリースに含めるユーザーの課題を解決するために必要な最小限
   の機能、その次のリリースで優先してアップデートしたい機能、それ
   以降のリリースでアップデートしていきたい機能の3段階に分けて洗
   い出した機能を縦に並び替える。

▼ ユーザーストーリーマッピング

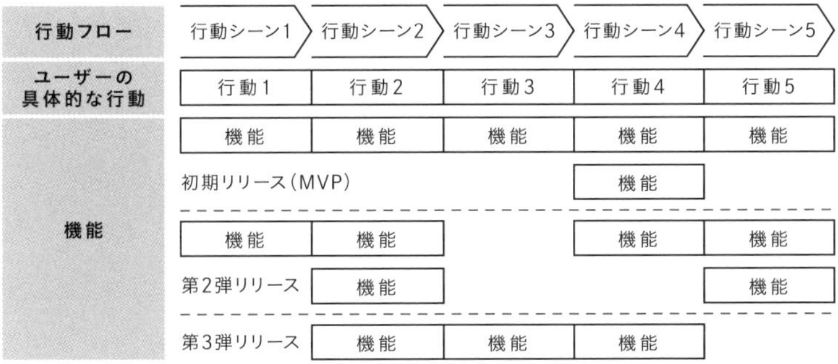

行動フロー	行動シーン1	行動シーン2	行動シーン3	行動シーン4	行動シーン5
ユーザーの具体的な行動	行動1	行動2	行動3	行動4	行動5
機能	機能	機能	機能	機能	機能
初期リリース（MVP）				機能	
	機能	機能		機能	機能
第2弾リリース	機能				機能
第3弾リリース	機能	機能	機能		

『ユーザーストーリーマッピング』（Jeff Patton 著、オライリー・ジャパン、2015 年）などを基に著者作成

【ステップ12】情報構造を設計する

　サービスの画面やユーザー行動などを構造的に図解しながら設計する。情報構造設計やInfomation Architecture Designと呼ばれるステップがこれに当たる。様々なメソッドがあるが、私個人としては次の画像のように画面やスクリーンを四角いボックスで囲み、ユーザーの行動を丸いボックスで囲み、それらのうち初期リリース以降に追加していく画面やユーザー行動は点線で整理しながら、ユーザー行動の遷移関係や画面間の包含関係を図解していく、下図のようなフォーマットをよく用いている。中長期の追加機能まで含めて情報構造を整理することで、サービスの画面遷移やアクションが複雑になってユーザビリティーが損なわれることを回避でき、エンジニアが初期のアーキテクチャー設計もしやすくなる。

▼ Infomation Architecture Diagram

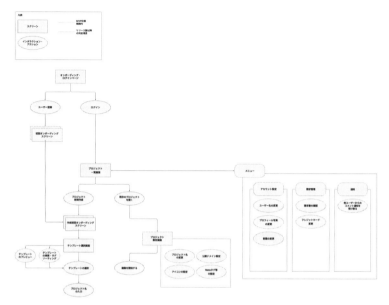

【ステップ13】ワイヤーフレームを作成する

　ユーザーストーリーマッピングで整理したMVPの範囲について、「どのようなコンテンツを、どこに、どのように配置するか」を定義するワイヤーフレームを作成する。生成AI特有のUXデザインのポイントについては、4章で解説しているため参考にしてほしい。

【ステップ14】簡易的なプロトタイプを作成し、ユーザーテストを行う

　本格的な開発に入る前に、粗いプロトタイプやモックアップでユーザーテストを行い、早期に「失敗してしまっている箇所」を特定することで開発工数のロスを減らせる。Figmaなどのデザインツールでワイヤーフレームの画面間を遷移できるモックアップを作成したり、工数があまりかからない範囲でプロトタイプを開発した上で、それをターゲットユーザーに提示し、使用感などを検証する。

【ステップ15】UIデザインと実装をする

　通常のデザインや開発の工程に加えて、GPTなどの大規模言語モデルのAPIを使用してサービスをつくる場合には、裏側のシステムで設定するプロンプトのチューニングの精度がサービスの体験を大きく左右する。通常の開発工数に加えて、プロンプトチューニングの期間を最低1～2週間程度は確保しておくことをお勧めする。

【ステップ16】サービスをローンチする

　サービスのローンチ時は、注目を集められる一つの山場だ。「PR TIMES」などのプレスリリースメディアへの掲載、メディア担当者や窓口への連絡、友人・知人への直接連絡、グローバル向けであれば米国のプロダクト投稿サイト「Product Hunt」への掲載など、ユーザーを集めるためにできるアクションは全て実行する。

【ステップ17】継続的な改善によるグロースに取り組む

　サービスローンチ時の一時的な注目が過ぎると、そこからはサービスグロースのための継続的な改善が必要になる。その際に、ユーザーの利用データが分からない限りは改善のしようもないため、「Amplitude」や「Mixpanel」などの解析ツールを導入しておこう。サービスグロースの具体的な手法については、拙著『いちばんやさしいグロースハックの教本』や私のnoteにまとめているため参照してほしい。

▎優れた生成AIサービスのチェックリスト

　ここまでの一連のプロセスを経ることで、こうしたメソッドなしにつくる場合よりも圧倒的に良いプロダクトに仕上がっているはずだ。最後に、優れた生成AIサービスが満たすべき条件のチェックシートを提示する。このシートをチームでシェアして自分たちが設計した生成AIサービスをダブルチェックしてみてほしい。

▼ 優れた生成AIサービスのチェックリスト

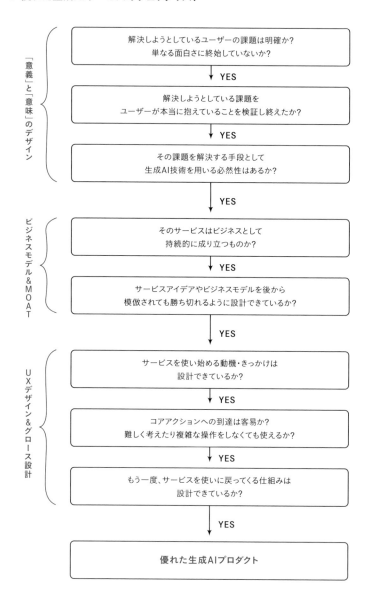

「意義」と「意味」のデザイン

- 解決しようとしているユーザーの課題は明確か？
  単なる面白さに終始していないか？

  YES

- 解決しようとしている課題を
  ユーザーが本当に抱えていることを検証し終えたか？

  YES

- その課題を解決する手段として
  生成AI技術を用いる必然性はあるか？

YES

ビジネスモデル&MOAT

- そのサービスはビジネスとして
  持続的に成り立つものか？

  YES

- サービスアイデアやビジネスモデルを後から
  模倣されても勝ち切れるように設計できているか？

YES

UXデザイン&グロース設計

- サービスを使い始める動機・きっかけは
  設計できているか？

  YES

- コアアクションへの到達は容易か？
  難しく考えたり複雑な操作をしなくても使えるか？

  YES

- もう一度、サービスを使いに戻ってくる仕組みは
  設計できているか？

YES

優れた生成AIプロダクト

コラム2 | 既存サービスへの生成AI技術の生かし方

　生成AIを企業が活用するにあたっては、（1）事業への活用、（2）業務オペレーションへの活用の大きく2つに分けられ、さらに前者は（1-a）生成AIを用いた新規サービス開発と（1-b）生成AIの既存サービスへの活用の2つに分けられる。（1-a）生成AIを用いた新規サービスの開発については既に2章で解説しており、（2）生成AIを活用した社内生産性の向上についてはこの後の6章で解説する。残りの（1-b）生成AIの既存サービスへの活用については、この2つに比べるとそこまで求められる知識は多くないが、大きな事業インパクトを生む可能性を秘めた領域になる。そのため、本コラムで必要とされる考え方を解説しておきたい。

　まず既存サービスに生成AIを組み込むということは、ほとんどのケースでサービスにCopilot機能を組み込む、ということを意味する。Copilot機能とは、AIがユーザーのサポート役となってユーザーが行う様々なタスクの補助をする機能の総称だ。「GitHub Copilot」や「Microsoft Copilot」などがまさにそれに当たる。

　Copilot機能を設計する上では、大きく2つのステップを踏む。すなわち、（1）「補助するタスクの選定」と（2）「体験設計」の2つだ。

（1）補助するタスクの選定

　まずCopilot機能で補助すべきタスクを選定する。タスクの選定に当たっては、コア機能の度合いが高く、ユーザーにとってそのタスクを実行する難易度が高いタスク領域を優先的に選ぶべきだ。

▼ Copilot機能でサポートするタスクの選定

	コア機能 度合いが低い	コア機能 度合いが高い
難易度が高い	重要性が低いため 支援の優先度は 低いタスク領域	Copilotで 支援すべきタスク 領域
難易度が低い	重要性が低いため 支援の優先度は 低いタスク領域	難易度は低いため 支援の優先度は 低いタスク領域

　身近な例で説明しよう。フリマアプリの「メルカリ」は、「メルカリAIアシスト」と呼ばれるCopilot的機能の提供を開始している。これはユーザーが出品した商品に対して、商品名や説明文、価格などの観点でより売れやすくするための改善提案をAIが行うものである。まさにこれは、出品というメルカリのコア機能に関連する上に、ユーザーからすると難易度の高いタスクを支援する重要な役割を担う。

▼ メルカリAIアシスト

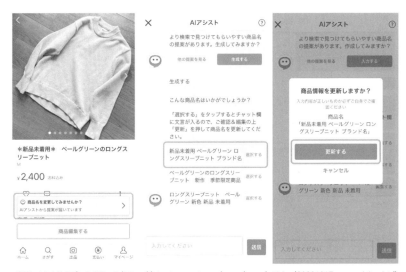

出所：メルカリのプレスリリース（https://about.mercari.com/press/news/articles/20231017_mercariaiassist/）

　タスクをサポートするという意味では、自己紹介文の作成サポートやお礼メッセージの作成サポートなどの用途も考えられる。だが、前者はコア機能としての度合いは低く、後者はユーザーにとっての難易度は出品に比べると低いため、優先度は劣ると考えられる。

　このように、自社サービスにとってのコア機能でかつユーザーにとって難易度が高い機能は何かを特定することが、優れたCopilot機能を実装する上での第一歩だ。

（2）体験設計

　支援すべきタスク領域が決まったら、どんな体験を実現するかを設計するフェーズに入る。そこで重要なのは、「どんな存在が横にいたらユーザーは助かるか」

という問いを考えることだ。

　前述のメルカリAIアシストの例で見る。メルカリを利用する際、"メルカリ出品のプロ"が「こうした方が売れやすいよ」と横で随時アドバイスしてくれたらユーザーは非常に助かるだろう。それがまさにメルカリAIアシストの機能になっている。

　この体験を設計する上で重要なのは、「過剰に支援しないこと」だ。例えばブログ執筆プラットフォームが記事全文を生成するCopilot機能を提供してしまうと、ユーザーは創作意欲を失う可能性がある。また、似たような記事が乱立することでサービスの世界観やエコシステムを毀損する恐れもある。

　あくまでサービスに残すべき人間的なところはユーザーに委ねながらも、その中でユーザーにとって心地よい支援のバランスを見つけて実装していくことが重要だ。

▼ Copilot機能の体験設計におけるポイント

どんな存在が横にいると
ユーザーは助かるか？

ユーザー　　　　　　　　Copilot

3章

生成AI時代に
各業界、
そして社会全体は
どのように変化するか

2章とそれに続くコラム2にて、生成AIを生かして事業成長を実現するために必要な考え方や具体的なフレームワークを解説した。しかし、生成AIを生かして事業成長を実現するためにもう一つ重要な観点がある。それは生成AIの進化によって自身の業界や社会全体がどう変化していくか、その将来像を持っておくことだ。なぜなら生成AI技術の進化によって、産業構造、さらには社会全体が根本から変わり得る可能性がある中で、その将来の見立てを持って事業や経営に向き合っているかどうかが企業間の大きな差になるからだ。

　従ってこの章では、（1）中長期の未来、15〜20年の時間軸で社会全体や人の在り方がどう変化するかの未来予想と、（2）比較的短期の未来、5〜10年の時間軸で各業界がどのように変化していくかの未来予想を提示する。

　はじめに断っておくと、どんな未来予想にも言えることだが、以降で提示する予想が全て当たるはずはない。しかし、SF的なビジョンが次々と現実のものとなっている現代において、経営者や事業リーダーは自分なりの未来洞察を持ち、それをチューニングし続けることが肝要だ。その最初のバージョンを提供する意味でも、私のビジョンをこれから提示したい。

　また、通常であれば近い未来の各業界の変化の方を先に提示するのが自然ではあるが、ここではあえてより長期の時間軸で社会全体がどう変化するかについての未来予想を先に提示したい。

　バックキャスティング思考とも呼ばれるが、生成AIのように社会を大きく変える技術の未来を見通す場合には、まず長期でどのような未来に行き着くかを考えた上で、そこから現代へと線を結んだ線上の未来を考えるという方法を取った方が、より鋭く未来を見据えることができるはずだからだ。

2040〜2045年に社会や人の在り方はどのように変化するか？

　生成AIが進化した先、2040〜2045年の社会がどのような姿をしているかを考える上で、まずは中心となる「問い」を整理したい。自己を取り巻く様々な存在との「関係性」から浮かび上がる問いとしては、以下が主要なものになると思う。

（1）自己と機械の関係性
　→「これから人とAIの関係性はどうなっていくか？」

（2）自己と企業の関係性

　→「これからの仕事の仕方はどう変わっていくか？」

（3）自己と他者の関係性

　→「これから人と人のコミュニケーションはどう変わっていくか？」

（4）自己と環境の関係性

　→「これから環境や情報とのインタラクションはどう変わっていくか？」

（5）自己の在り方

　→「これから人の在り方自体がどう変わっていくか？」

▼ 生成AI時代の未来を考える上で中心となる「問い」

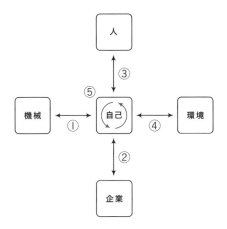

これからそれぞれの問いの答えを考える形で、2040～2045年の未来を想像していこう。

AIは人間にとって脳の新しいレイヤーになる

AIが急速に進化する中で、人間とAIの関係性がどのようなものになるかは多くの人が気にしているテーマだろう。それに関して私は「AIは人間にとって脳の新しいレイヤー的な存在になる」と考えている。

我々人間の脳は大まかに言うと、運動や本能をつかさどる原始的な脳深部の周りに、言語や思考をつかさどる大脳皮質が覆う形で形成し進化してきた。そして、これから15～20年の時間をかけて、AIは人間にとっての新しい皮質、いわば「Artificial Neocortex（AI新皮質）」とも言うべき存在になるだろう。そう考える理由は「AIによる能力の拡張幅」と「人間の思考とAIの接続技術の発達」の2つにある。

コーディング支援や文章作成支援などの領域を中心に、生成AIを用いることで業務生産性が2～10倍に向上するという事例は、市場全体でも私の顧問先でも多く見られる。現時点でも「10倍」という数字は現実的なものとなっており、これから先、100倍、1000倍という規模感での能力拡張も十分に実現する可能性が高いと考えている。

そして、能力が1000倍も差がついてくると、これまでは「テクノロジーに強い人」と「テクノロジーに疎い人」くらいの対比でしかなかったが、これからは「旧人類と新人類」くらい能力に差が出ることになる。

また、自分の能力を大幅に拡張してくれるAIと自分の思考や脳をつなぐ技術も徐々に発展している。

短期的にはARグラスなどのウエアラブルデバイス、中長期的にはイーロン・マスク氏が手掛ける脳に直接電極を埋め込んでマシンとつなぐ「Neuralink」（米Neuralink）やDARPA（米国の国防研究機関）らが研究する血中から神経に作用するナノボットのような、脳とAIを直接つないで通信を可能にするブレイン・マシン・インターフェースの実現によって、AIによる思考領域は人間の脳の思考と地続きになると考えらえる。そして、AIは人間にとってあたかも新しい脳のレイヤーのような存在になり、この層を有している集団とそうでない集団の間には大きな能力の差が生まれるだろう。

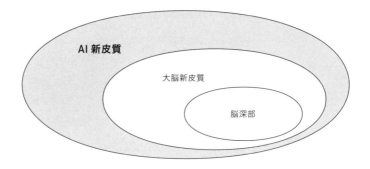

▼ 脳の新しいレイヤーとしての"AI新皮質"

AI 新皮質

大脳新皮質

脳深部

人はAIを内包し、両者を分けずに考えるべき時代が来る

　AIが人間にとっての新しい脳のレイヤーになった結果、AIは人間の外にある存在ではなくなり、内に内包する存在となる。

　AIが加速的に進化しており、将来的にはAIの知的能力が人類を圧倒的に凌駕する可能性が高い中、人間の存在意義がなくなるのではないかと不安視している人も多いはずだ。しかし、狭い意味での人間の能力がAIに凌駕されるタイミングは来るが、人間という存在を捉える輪郭自体がAIも含めた範囲に拡張され、その新しい存在範囲においては十二分に人間の存在意義はある、という状況になると考える。

　現在もスマホやPC、インターネットでアクセスできる知識や処理能力を含めてその人の能力だとみなすように、人間の能力や存在意義を考える際もこうした前提で考える必要がある。

▼ "人間"の能力や存在意義を考える際の輪郭の拡張

スマホは"記憶"を拡張したが、AIは"思考"を拡張する

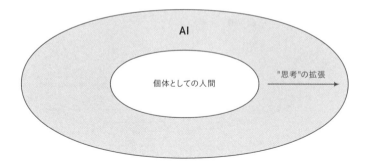

囲碁や将棋で起きたことが全ての知的生産活動で起こる

「これからの仕事の仕方はどう変わっていくか？」を考える上で、全体として言えることは、囲碁や将棋で起きたことが全ての知的生産活動で起こるということだ。一昔前は囲碁や将棋は人間の聖域であり、AIがその領域において人間を負かすとは多くの人が想像していなかった。そして、これから現時点で人間の聖域だと思われている計画・企画・経営・労働・発明などの分野でも同じことが起こると考えるのが自然だろう。

▼ "囲碁／将棋現象"の拡大

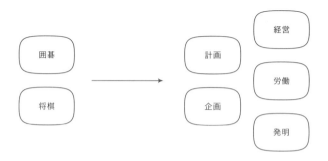

そう考えられる一つの要因は、ここ数年でAIの進化が速度を増していることだ。下図はMario Krenn et al.（2022）「Predicting the Future of AI with AI」という論文で紹介されているAI関連の論文が多く公開される論文公開サイト「arXiv」上でのAI関連の月別の論文公開数を時系列でまとめたものだ。ここからは、AI研究のペースが加速度的に上がっている様子が垣間見える。

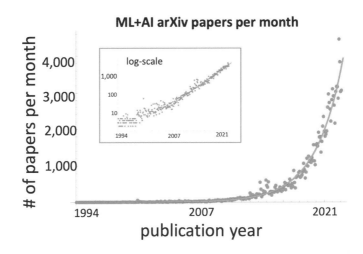

出所：Mario Krenn et al.（2022），「Predicting the Future of AI with AI: High-quality link prediction in an exponentially growing knowledge network」,arXiv:2210.00881v1（https://arxiv.org/abs/2210.00881）

　さらには、AIを使うことでAIを含めた科学研究をより一層加速させることも現実的に可能になってきている。Googleが2023年12月に公開したAIモデル「Gemini」のデモの1つでは、Geminiを用いて研究を大幅に効率化するデモが披露されている。そこでは、Geminiに対して自身の研究の概要を含めたプロンプトを送ると、Geminiがその研究に関係する20万本の論文を読み込み、その中から関連する約250本の論文を抽出。それらの中から必要な情報を取り出して新しいデータセットを加えたグラフを生成している。
　こうした「AIの進化によってAIの研究が加速し、それによって生み出された新たなAIによってさらにAIの研究が加速する」という、正のループ状態に突入しつつある。

▼ Gemini

出所：Gemini（https://deepmind.google/technologies/gemini/）

　このようなAIの進化加速の先で、前述したように現在人間の聖域となっ
ている計画・企画・経営・労働・発明などの分野で、AIが人間を上回る日
が来ることはそう突飛な予想ではないだろう。
　そして、AIが経営や労働、発明などで人間を上回り、そうした活動を担
う中で自律的に稼げる存在になると、以下のような論点が我々の社会にお
いて重要になってくるだろう。すなわち「AIを消費の主体として見なすのか」、
さらには「資本主義社会における重要な主体として、社会の構成員とみなし、
人権概念を適用していくのか」という論点だ。
　上記の2つの論点は相互に関係し合っている。労働や経営を行う上での仕
入れという形で、AIが購買行動を行う時代は比較的早期に来ると思われる。
また、自律的に稼いで納税も行うAIという存在を、資本主義社会における
重要な主体、重要な構成員とみなす見方が生まれる可能性もある。そうし
たときに、その重要な主体として、AIにも消費活動を行ってもらった方が、
資本主義社会の発展につながるという見方や、そもそも消費の権利も含め
て人権に近い権利を徐々にAIに与えていくべきだ、という倫理的側面から
の意見も増えるだろう。
　こうした論点に現時点で明確な解はないが、少なくとも今までの人間絶
対主義から社会全体として考えを変えていくべきタイミングは来るはずだ。

▼ 今後重要になる論点

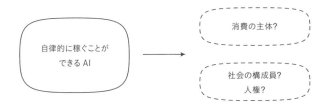

自律的に稼ぐことが
できる AI

消費の主体?

社会の構成員?
人権?

コミュニケーションにおいて前提となっている"障壁"が徐々になくなる

「これから人と人のコミュニケーションはどう変わっていくか?」という
問いにおいて、生成AIの進化で"言語の壁"や"言語化の壁"など、いま
当たり前だと思っている"障壁"が徐々になくなっていく、ということは
間違いない。

言語の壁に関しては、「ElevenLabs」(米ElevenLabs)などによって、
自分や相手の発言内容をその発話者の音声で別の言語に変換して音声生成
することは既に実現している。今後、その処理速度はリアルタイムに近い
ものになっていくだろう。

さらには、Metaが2023年12月に新しく発表した音声翻訳AI「Seamless
Expressive」では、ささやき声などの声色に加え、喜びや悲しみなどの話
し手の感情や抑揚も再現した上で、別の言語で自分が話しているような音
声を生成できる。

こうした翻訳／発話生成AIの進化により、"言語の壁"はかなりの部分が
消滅するだろう。

▼ SeamlessExpressive

出所：SeamlessExpressive（https://seamless.metademolab.com/expressive）

　さらには、中長期的には"言語化の壁"も大幅に軽減される。その兆しの1つが、同じくMetaの「Brain decoding: toward real-time reconstruction of visual perception」という研究だ。そこでは、MEG（脳磁図）測定装置を身につけた被験者が見ている画像を、脳活動データを基にリアルタイムに近い速度で予測し、画像生成することに成功している。

▼ Metaの「Brain decoding」の研究のイメージ

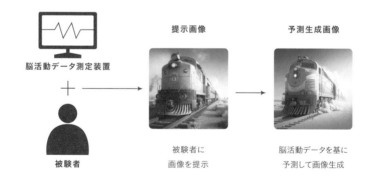

「Brain decoding: toward real-time reconstruction of visual perception」（https://ai.meta.com/static-resource/image-decoding）の研究内容を基に著者が作成。画像はあくまでイメージ

現状は精度が限定的であったり、脳活動データを測定するために大がかりな装置が必要だったり、様々な制約や限界があるが、AIの性能向上やブレイン・マシン・インターフェースの進化によって、"思い浮かべる"ことが伝える手段の1つになり、"言語化の壁"が一部解消するような未来も訪れるだろう。

アイデンティティーの「ソフト」と「ハード」が分離可能になる

また、コミュニケーションという観点で、将来的にはアイデンティティーの「ソフト」と「ハード」が分離可能になると考えている。

現代の社会において、私たちは内面という「ソフト」と、外見という「ハード」を分離することは難しい。そして、それがルッキズムやLGBTQなどの問題や生きづらさの大きな原因の1つになっていると私は考えている。

一方で、VR SNSサービスである「VRChat」(米VRChat)などのメタバース世界においては、男性ユーザーが美少女のアバターをまとって同性のパートナーを持つなど、ソフトとハードを容易に分離して軽やかに生きる人々が登場し始めている。

そうした好きな見た目をまとって日常生活を生きていくような生活が、AI技術の進化とARインターフェースの普及によって長期的には物理世界においても可能になると私は考えている。

その兆しが、1章でも紹介した「Wonder Dynamics」(米Wonder Dynamics)だ。Wonder Dynamicsを使うと、実写映像に含まれる人物を簡単にCGキャラクターに変換できる。

こうした特定の人物の見た目を変えたり、アバターに変換表示する速度がリアルタイムになり、さらに多くの人がARグラスやARコンタクトなどのデバイスを通してその姿を見るような時代になると、現状メタバース世界の住人が達成しているようなアイデンティティーのソフトとハードの分離が現実味を帯びる。

「見ること = 知ること」になる

次に、「これから環境や情報とのインタラクションはどう変わっていくか?」という問いについて考えていこう。まず言えるのは、長期的には「見るこ

と＝検索すること＝知ること」という世界観になる、ということだ。

　OpenAIのGPT-4VやGoogleのGeminiなど、テキストだけでなく画像をインプットにして思考させることができるマルチモーダルAIが複数登場している。そうしたマルチモーダルAIが、精度、速度、対応できるデータ種類（画像だけでなく動画や深度情報など）といった面で進化し、ARグラスなどのウエアラブルデバイスの普及も合わさることで、見たものが"クエリ"（＝検索時に入力する文字列）となり、見た対象物の情報を瞬時に得ることが可能になるだろう。

　既にその兆しとなる事例はいくつも生まれている。視覚障がいのあるユーザー向けのガイドアプリ「Be My Eyes」（デンマークBe My Eyes）は、視覚的なインプットに対応したGPT-4Vを組み込み、スマホのカメラをかざすだけで目の前の環境や物体を認識し、説明文章を生成して音声で説明する。

▼ Be My Eyes

出所：Be My Eyes（https://www.bemyeyes.com/）

　また、ウエアラブルデバイスを通して眼の前の対象物の情報をAIから教えてもらうという体験は、一部実現しつつある。Metaがサングラスブランド「Ray-Ban」と共同で発売しているグラス型デバイス「Ray-Ban Metaスマートグラス」は、目元に付いたカメラを通してハンズフリーで写真や動画が撮影できるデバイスとして話題だ。それが2023年12月に、一部の先行ユーザー向けにマルチモーダルAI機能が解放され、デバイスを装着した状態でAIに眼の前に見えている景色やモノに関する質問をするとカメラで読み取った情報を元にAIが回答するようになった（例えば、他言語で書

かれた看板が何と書かれているかをAIに聞いたり、BBQで焼いている肉をあとどれくらい焼けばいいかを聞いたり…）。

こうしたAI技術とウエアラブルデバイスの進化と普及によって、「見ること＝知ること」という世界が実現していくだろう。

都市はソフトウエア化し多層化する

上述のように、マルチモーダルなAIが発展してマシンが環境を認識する能力が飛躍的に向上し、XRデバイスの普及によってユーザーの状況や環境に即した情報やコンテンツを表示できるようになると、都市はソフトウエア化し、多層化すると考えられる。

同じ都市を移動していても、運転中の人に対してはナビ情報やランドマーク情報が表示され、特定のアニメやドラマが好きな人に対しては聖地巡礼的なコンテンツや演出が出る。さらに、散歩中の人に対しては、様々なスポットの口コミ情報やガイド情報が表示されるようになるだろう。

そのように都市の上に複数のデジタルレイヤーが実現し、人々は個々に最適化された情報や景観をまとった街と接するようになる。そうした時代においては、これまでハードウエア的な価値に偏っていた都市が、ソフトウエア的な性質を獲得するようになる。

現代は「個体の能力」というものに価値がある最後の世代

最後に「これから人の在り方自体がどう変わっていくか？」という問いについて考えていこう。

現代は「個体の能力」というものに価値がある最後の世代だと、私は考えている。古代から現在に至るまで、社会が成熟するつれて人類にとって重要な中核能力は「本能／筋肉／戦闘能力」から「理性／知能／社会的地位」へと比重がシフトしていった。

▼ 古代から現在までの中核能力の変遷

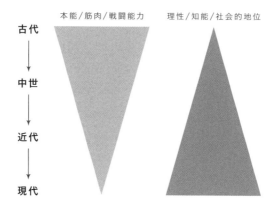

同様に、先述したように今後AIに接続した脳とそうでない脳の間に1000倍の能力差がついてくると、現代において重要な「個体の能力」は重要性が下がり、「AIとの接続数／スペック／速度」などが中核的な能力にシフトしていくだろう。

▼これからの中核能力の変遷

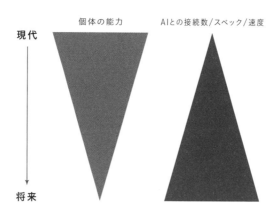

これは現代の価値観からすると一見悲観的に思えるが、それはあたかも筋

肉や武力が必要とされなくなる変化に寂しさを感じるのと構造的には同じだ。我々は郷愁は感じつつも、この不可避な変化にしっかりと向き合う必要がある。

　つまり、人類史的な転換点として、我々の"思想OS"をアップデートしていくことが求められているのだ。

┃ 2030〜2035年に各業界はどのように変化するか？

　ここまで長期の時間軸で社会や人間の在り方などがどう変化するかを見てきた。ここからは2030〜2035年という、より短期の時間軸で具体的に各業界がどのように変化するかの予想を提示していこう。

　最初に各業界で起こるであろう主要な変化をまとめた表が以下になる。合計21個もの未来予測になるので、自分に関係する業界や興味のある業界の予想をピックアップして読むことをお勧めする。

生成AIの本質価値 × 業種

生成AIの本質価値

1.コンテンツの創造コストを限りなくゼロにする
2.システムによる限りなく自然な対話の実現
3.非構造化データのベクトル化による柔軟な処理
4.コンテンツのマルチモーダル化
5.高単価専門知識の民主化
6.言語障壁の軽減
7.新たなインプット手法の実現

×

業種

小売
広告/マーケ
ソーシャル
メディア
エンタメ
ゲーム
教育/学習

↓ 起こる変化

小売	アシスタントAIが次世代のECインターフェースになる	AI自体がデザイナーのブランドがいくつも登場する	ECにバーチャル試着機能が標準実装されるようになる
広告/マーケ	広告クリエイティブのPDCAサイクルが超高速化する	現実世界のインタレスト情報や閲覧履歴が取れるようになる	検索連動広告から対話連動広告にウェイトがシフトする
ソーシャル	AIを活用しつつ人依存の希少性が反映されたコンテンツを交換するSNSが流行る	自身のデジタルツインを介したマッチングアプリが人気になる	バーチャルインフルエンサーがマス化する
メディア	記事すらユーザーごとに自動生成して最適な文章で届けられるようになる	「AIフィルターバブル」が深刻化し、その結果「偶発性」がメディアに求められるようになる	フェイクニュースの問題が深刻化し、Who情報や検知サービスが重要になる
エンタメ	1人エンタメスタジオが乱立する	ボーカロイドを作る感覚でオリジナルIPを作れるようになる	インタラクティブな視聴コンテンツが増える
ゲーム	ブログを書くような手軽さで、ゲームをつくって公開するようになる	オープンワールドの次の次元としてオープンストーリー化する	インディーズでも今のAAAゲームを作れるようになる
教育/学習	全ての学生・学習者に無限の忍耐力と知識を持った家庭教師・パーソナルトレーナーがつく	教材自体も自動生成されるようになる	生成AIを使う前提での思考力を養う時代になる

小売業界:

変化1）アシスタントAIが次世代のECインターフェースになる

そう遠くない未来には、1人につき最低1つ以上、自分専用のアシスタントAIを保有して生活の様々な相談やタスクの依頼をそのAIに対して行う時代が来る。そのアシスタントAIは各ユーザーとのやり取りを記憶し、各ユーザーの趣味嗜好を本人以上に理解していくことも可能になるだろう。

そして、当然そのアシスタントAIに服や家具、プレゼントなどの買い物の相談から各種ECサイト上での購入処理の依頼までを行うようになる。これは次世代のECインターフェースとしてアシスタントAIを使うようになることを意味する。

その兆しとして、クレジットカード会社の米Mastercardが2023年12月に発表した「Shopping Muse」というサービスがある。これは"夏の結婚式には何を着たらいいか"や、"ミニマリストのワードローブにお薦めのアイテムは何か"といった質問をShopping MuseのアシスタントAIにするだけで、最適なアイテムのレコメンドを受け取れるサービスだ。

▼ Shopping Muse

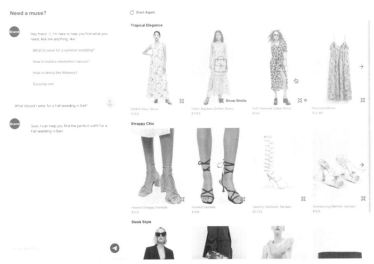

出所：Shopping Muse（https://www.dynamicyield.com/shopping-muse/）

Shopping Museではユーザーとの会話内容だけでなく、ユーザーの同サイト内での行動履歴や、ユーザーの過去の購入履歴・閲覧履歴を踏まえてパーソナライズされたレコメンデーションを提供する。

ファッションやインテリア、プレゼント選びなどの各ジャンルで、その道のプロにいつでも無料で相談しながら買い物ができるという体験に興味を引かれる人は多いだろう。このような新たなECインターフェースとしてのアシスタントAIは、今後普及していくと思われる。

また、そうした時代においては、マーケティングの対象がユーザーだけでなく、ある種そのエージェント（代理人）として振る舞うAIにも拡張される。

変化2）AI自体がデザイナーのブランドがいくつも登場する

人間のデザイナーがAIを活用して新しいクリエイティビティーを発揮する動きは強まるだろう。一方で、AI自体がデザイナーであるブランドも、今後いくつも登場してくるだろうと思われる。

その兆しとなるのが、「Off/Script」（カナダOff/Script）というサービスだ。同サービス上で、ユーザーはOff/Scriptが画像生成AIのStable Diffusionを独自にチューニングしたものを用いて、オリジナルのファッションアイテムをデザインできる。そして、そのデザインにユーザーの「LIKE」が集まると、実際に商品化されて販売される仕組みだ。

▼ Off/Script

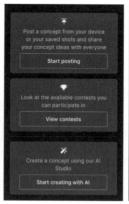

出所：Off/Script（https://offscriptmtl.com/）

同じ画像生成AIでも、パラメーターの設定やプロンプトの入れ方などで出力されるデザインのクオリティーには大きな差がつく。そのため、適切な設定がされた画像生成AIとトレンド予測AI、それらを統合して制御する自律的なエージェントAIを組み合わせることで、他とは一線を画すAIデザイナーが登場していくはずだ。

変化3）ECにバーチャル試着機能が標準実装されるようになる

　オンラインでのショッピング体験におけるユーザーの不便さの一つは、着用イメージがつかみづらいことだ。EC事業者はこれまで様々なバーチャル試着ソリューションを試してきた。しかし、今までのところクオリティーとコストのバランスにおいて満足のいくソリューションはなかなか登場していないのが現状だ。

　しかし、生成AIの発展によって、長年のECサイトの課題であったバーチャル試着が本格的に実現しようとしている。中国の大手ECサイトなどを運営するAlibabaが公開した「OutfitAnyone」は、モデルの静止画と着用させたいアイテム画像の2つをアップロードすると、モデルがその服を着用している画像を生成する。同じくAlibabaが公開した静止画の人物に任意のアニメーションを付与した動画を生成できる「AnimateAnyone」と組み合わせることで、動きつきでバーチャル試着をしている動画を生成することが可能になりつつある。

▼ OutfitAnyoneとAnimateAnyoneを組み合わせたデモ

出所：Institute for Intelligent Computing, Alibaba GroupがGitHubで公開（https://github.com/HumanAIGC/OutfitAnyone）

こうした技術の精度やスピードが向上し、ECサイトに簡単に組み込むことを可能にするSaaSプロダクトが今後増えていった先で、近い将来にECサイトにバーチャル試着は当たり前に実装されるようになるだろう。

広告／マーケティング業界:

変化1）広告クリエイティブのPDCAサイクルが超高速化する

広告・マーケティング領域において近い将来に確実に起こるのは、広告クリエイティブのPDCAサイクル（＝テストを通した継続的な改善プロセス）の速度が今とは比べものにならないくらい速くなる、ということだ。

バナー画像などの広告においては、画像生成AIで生成する画像のクオリティーが向上し、現状AIが苦手とする文字の出力にも対応。テキストを入力すると一発で実用レベルのバナー画像を得ることが可能になるだろう。

また、動画クリエイティブにおいても、現状は1、2個のメインの動画素材を撮影し、それを編集することで複数バリエーションを作成してテストするという手法が一般的だが、今後はバリエーション豊かな動画を複数生成してテストすることが可能になる。

それを体感するために、動画生成AIの「Runway Gen-2」や「Pika」などの名前でX（旧Twitter）上で検索してみてもらいたい。AI生成された動画がいくつも出てくるが、そのクオリティーの高さはおそらく読者の想像を超えているだろう。ファンムービー的に特定ブランドの非公式の動画広告をつくるユーザーも出てきているが、「コーヒー休憩の時間だけでつくった」というそうした動画は、実際の広告クリエイティブのクオリティーにかなり近いところまで来ている。

このように、動画クリエイティブもAI生成した様々なバージョンを用いてPDCAサイクルを高速に回すようになる日も近いと思われる。

変化2）現実世界のインタレスト情報や閲覧履歴が取れるようになる

先述のMetaのスマートグラスのように、今後数年でマルチモーダルAIを搭載したスマートグラスは一気に増えると思われる。そしてそれは、人類の目元に大量に処理能力付きのカメラが配置されることを意味する。

そうしたカメラを通して、ユーザーが生活の中でどのようなジャンルの対

象物をよく見ているのか、さらには特定のどの商品をよく見ているのかという、物理世界におけるインタレスト情報や閲覧履歴が取得できるようになる。

そして、デジタル上では既に実現しているように、そうしたインタレスト情報に基づいた広告配信や、物理世界で見た商品をフックにしたリターゲティング広告などが今後実現されていくだろう。

変化3）検索連動広告から対話連動広告にウェイトがシフトする

現在はGoogleなどの検索サービスの代わりにChatGPTをはじめとした対話型AIで検索をするユーザーはあまり多くない。しかし、ChatGPTがBing検索の機能を組み込んで検索的な用途にも侵食しつつあるように、将来的には現在の検索行為の大部分をチャットAIに聞くことが一般的になる。

そうした未来に備えて、Googleは既に対話型AI上での広告表示をテストしている。例えばGoogleが公開している以下の例では、ユーザーがマウイ島でのサーフィン体験をAIに質問する際に、「スポンサード」とタグ付けされた旅行体験の広告が表示されている。こうしたAIとの会話内容に基づいた「対話連動広告」の台頭はマーケティング関係者が今後注視すべき動きだろう。

ソーシャル業界:

変化1）AIを活用しつつ人依存の希少性が反映されたコンテンツを交換するSNSが流行る

現在、AIで生成した画像などのコンテンツを投稿するSNSサービスがいくつも立ち上がっている。しかし、個人的にはそうした単にAIで生成したコンテンツを共有するSNSは流行らないと予想している。

これを考える上で、英語圏のスタートアップ関係者に一時期広く読まれた「Status as a Service（サービスとしてのステータス）」という記事が非常に参考になる。この記事ではSNSサービスが成功するために何が重要かについてかなりの長文で論理的に説明されているが、その中の一部を抜粋すると、「人間はステータス（社会的地位）を求める生き物としてソーシャルキャピタル（社会資本）を最大化するために最も効率的な道を探す。そして、ソーシャルサービスにおいても『価値』とは『希少性』であり、それはあ

たかも暗号資産におけるプルーフ・オブ・ワークのように、ユーザーの投稿に伴う努力やスキルに基づいて、『いいね』や『コメント』、『フォロー』などの社会的通貨が支払われる」という内容が語られている。InstagramやTikTokなどでの人気のコンテンツやユーザーを思い浮かべてもらえば上記はイメージしやすいだろう。

　上記の記事では、「Prisma」（米Prisma Labs）という撮影した写真をAIによって絵画風などの高品質な作品に変換するサービスが紹介されるが、これはAIフィルターに作品力が依存し過ぎていて、ユーザーの努力やスキルが介在する余地が少なく、特定のユーザーをフォローするインセンティブが弱い。そのため「Prisma」はツールとしては成功している一方で、SNS的なサービスへの移行はうまく進んでいない、という声もある。

▼ Prisma

出所：Prisma（https://prisma-ai.com/prisma）

　以上のような観点で現状のAIで生成した画像などをシェアするSNSを眺めてみると、依然としてAIのすごさが際立っていて個別のユーザーのスキルや努力の差は目立っているとは言い難い。もちろんスキルや努力の差が全くないとは言わないが、長い時間軸で未来から現在の状況を見ると、個人のクリエイターの色がまだ十分に発揮されているとは言えないだろう。

AI生成されたコンテンツを共有するSNSで爆発的人気を獲得するためには、上記の観点を踏まえてAIを活用しつつも、人依存の希少性が反映されたコンテンツを交換できるような場をつくり上げていく必要がある。

変化2）自身のデジタルツインを介したマッチングアプリが人気になる

将来的にアシスタントAIとの会話ログや、AIを搭載したウエアラブルデバイスから取得する様々なデータによって本人の性格や趣味嗜好を本人並み、もしくはそれ以上にAIが理解する時代が訪れる。そして、そうした状況において、自分のデジタルツイン、つまり自分のデジタル上のクローンを介したマッチングアプリが人気になるのではないかと予想している。

昨今、欧米においても国内においても、マッチングアプリ離れが起きているとの指摘もある。その理由の一つが、自分と相性が良いかも分からない相手とのメッセージなどに時間を割くことへの疲れが挙げられる。そうした状況に対して、自分のデジタル上のクローンの精度が十分に上がってくれば、自分の分身に勝手にいろいろなユーザーと交流してもらい、その中で相性が良いことが分かれば初めて人間である本人たちがやり取りをするというモデルだ。

AI同士であれば交流をしなくても相性を一瞬で測ることは可能だ。しかし、公園で犬を散歩させている人同士が、犬同士のじゃれ合いをきっかけに関係性を構築することがあるように、自身の分身であるAI同士が交流する内容を見ることで、会話のきっかけやネタにして関係を構築することが考えられる。

変化3）バーチャルインフルエンサーがマス化する

新型コロナ禍の発生前後からバーチャルインフルエンサーが注目されているが、生成AIの発展によって将来的には現在の珍しい存在から一般的な存在へと変化すると思われる。

3DCGアーティストによってつくられ、人間の「インフルエンサー」に代わってSNSや広告などで使用されるバーチャルインフルエンサーは、現状では大きく2つの課題がある。それは自然な身体の動きを表現しようとするとその都度、制作コストがかかってしまう点。そして人間のように柔軟に双方向的な会話をユーザーやファンと行えない点だ。

しかし、生成AI技術が発展し、3DCGやモーションデータを含めて十分

なクオリティーで生成できるようになり、大規模言語モデルを介した会話精度が上がってくるとそうした限界はなくなる。まさに1337（米1337：リートと読む）は生成AI主導のバーチャルインフルエンサーに取り組んでいる企業の一つだ。

▼ 1337のバーチャルインフルエンサーの1人

出所：1337（https://1337.org/）

　現在、1337は50人のバーチャルインフルエンサーを同時に展開しており、彼ら／彼女らのInstagramなどの投稿を画像生成AIとChatGPTなどを組み合わせて作成している。1337の取り組みがうまくいくかは神のみぞ知るところだが、こうした生成AIをフル活用したバーチャルインフルエンサーは今後急増すると思われ、日常の中でそうしたバーチャルな存在を見かけても特に違和感や物珍しさを感じなくなるだろう。

メディア業界:

変化1）記事や動画すらユーザーごとに自動生成して最適な文章で届けられるようになる

　メディア領域においては近い将来、記事すらユーザーごとに自動生成して最適な文章で届けるようなサービスが普及するだろう。その兆しとして、

OpenAIなどの大規模言語モデルを活用して、配信記事の内容を読み取って
ユーザーごとにパーソナライズして配信することに加え、AIが生成した要
約文章をユーザーに届けるようなサービスが複数登場してきている。現在
は要約という形での配信だが、生成AIの性能向上やコスト低下によって同
じ元記事でもユーザーのリテラシーや興味に応じて記事を最適な形で生成
して配信することも可能だ。

変化2）「AIフィルターバブル」が深刻化し、その結果「偶発性」がメディアに求められるようになる

　変化1で述べたように、AIがあなたのために情報をキュレートし、かつコ
ンテンツの文章や画像、映像まで個々人に最適化されて生成されるように
なると、「フィルターバブル」が新たな次元で深刻な問題になるだろう。
「フィルターバブル」とは、アルゴリズムによって届けられる情報が最適
化された結果、自分に近い意見の情報しか目に入らなくなり、バイアスや
偏見が強化されてしまう現象のことを言う。そして、上述のようなAIによ
る高度な最適化はそれを新たな形で加速させるだろう。つまり、インター
ネット世界から「偶発性」がさらに希少になっていく。
　そうなると揺り戻しとして、そうしたバイアスを最小化し、「偶発性」を
新たに提供してくれるサービスが求められるようになる。例えば、1つの
ニュースに対して大規模言語モデルが右派・左派などの異なる複数の立場
からコメントを寄せ、それをセットで閲覧するようなニュースサービスのよ
うなものが考えられる。もしくは、AIがユーザーの閲覧情報の"偏りを可
視化"して、それを適切にバランスさせるための情報を配信するようなニ
ュースサービスなども登場するかもしれない。

変化3）フェイクニュースの問題が深刻化し、Who情報や検知サービスが重要になる

　生成AIの進化と普及によって、世の中にコンテンツが大量にバラまかれ
るようになる。低品質な情報も氾濫し、フェイクコンテンツも今とは比べも
のにならないくらい増えるだろう。そうした時代に「誰が発信者か」とい
うWho情報はより重要になる。「この企業・メディアが発信する情報・コン
テンツは信頼できる。だから自分の意識という希少リソースを振り向けよう」

という行動が今よりも強化されるだろう。

　また、フェイクコンテンツの検知サービスは今後かなり増えるはず。だが、検知性能とフェイク生成性能は常にいたちごっこで、根本的にフェイクを根絶するのは難しい。OpenAI CEOのサム・アルトマン氏は「Worldcoin」というプロジェクトを通して生体認証を使ってAIと人間を区別し、人間にIDを発行する仕組みを構築している。ただ、社会全体を覆うシステムになる難易度は相当高く、また仮に実現したとしても悪意を持ってフェイクコンテンツをインターネットに公開する人間をゼロにすることは難しいだろう。

エンタメ業界:

変化1）1人エンタメスタジオが乱立する

　エンタメ領域において予想される変化の一つとして、「1人エンタメスタジオ」が乱立するということが挙げられる。

　動画生成AIの「Pika」（米Pika）を使うと、通常であれば何人ものアニメーターが数カ月稼働してつくり上げる尺のアニメーション動画を、たった数時間でそれも1人でつくり上げることができる。もちろんプロのアニメーターが制作した作品と比べると現状クオリティーの面で差がかなりあるが、今後その差はかなり縮まっていくはずだ。

▼ Pika

出所：Pika（https://pika.art/login）

さらに、テキストから音楽を生成できる「Suno AI」（米Suno）やアップロードした音源からミュージックビデオを生成できる「Kaiber」（米Kaiber）、テキストなどの入力内容を基にマンガを生成する「Dashtoon」（米Dashtoon）など、様々なジャンルで現在スタジオ単位で制作している規模のコンテンツを1人で制作することを可能にするサービスが登場している。

変化2）ボーカロイド曲をつくる感覚でオリジナルIPをつくれるようになる

「character.ai」（米Character.AI）は、ユーザーがオリジナルのAIキャラクターを作成して公開し、そのAIキャラクターと他ユーザーが交流することができるプラットフォームだ。ユーザーはエンジニアリングの知識がなくても手軽にオリジナルのAIキャラクターをつくれる。英語ベースのため日本ユーザーはまだ少ないが、多いキャラクターでは数億回のやり取りがされているものもあり、Z世代中心に利用されている。

　現在はテキストチャットという形式にとどまっているが、このようなAIを介したキャラクターのCGM（消費者がコンテンツを生み出すメディア）は今後も発展していくと思われ、その中から人気のキャラクターIPも登場するだろう。それはいわば、個人がボカロソフトで人気楽曲を作成するのと似た感覚で、1人で人気IPをつくり出せるようになることを意味する。

▼ character.ai

出所：character.ai（https://beta.character.ai/）

変化3)インタラクティブな視聴コンテンツが増える

　生成AIが発展する中で視聴者の行動によってコンテンツ内容が変化するインタラクティブな試聴コンテンツも増えるだろう。視聴者の選択によってマルチエンディングを迎える米Netflixの配信コンテンツ「ブラック・ミラー：バンダースナッチ」や、12人のAIキャラクターたちが大自然の中でサバイバル生活をする様子をFacebook上でライブ配信し、視聴者のアクションが進行に影響するコンテンツ「Rival Peak」（米Genvid Technologies）がその先駆的な事例。AIによって脚本、キャラクターのセリフ、映像まで、ユーザーのアクションに合わせて動的に生成できるようになると、今までとは次元の異なるインタラクティブコンテンツの制作が可能になるだろう。

▼ Rival Peak

出所：Rival Peak（https://www.facebook.com/RivalPeak/）

ゲーム業界:

変化1)ブログを書くような手軽さで、ゲームをつくって公開するようになる:

　Roblox（米Roblox）やFortnite（米Epic Games）のようなゲームプラットフォームでは、ユーザーがオリジナルゲームを作成し、世界中のユーザーに共有できる。しかし、これには一定のスキルや知識が必要だ。

しかし、生成AIの進化により、この状況は大きく変わるだろう。実際に
Robloxはテキストプロンプトを入力するだけで3Dモデルのテクスチャや
ライティング、アニメーションを編集できる機能を発表。こうした取り組
みの先で、ブログを書くような手軽さで誰もが独自のゲームを作成し、公
開することが可能になるだろう。

▼ Roblox

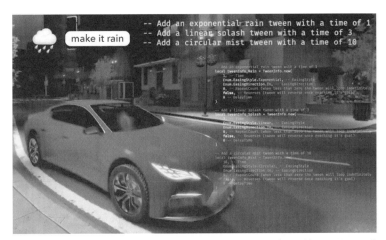

出所：Roblox（https://www.roblox.com/）

変化2）無限のワールドとストーリーを持つゲームが登場する

　ゲームの1つのジャンルとしてプレーヤーが広大なフィールドを自由かつ
シームレスに移動することができる「オープンワールドゲーム」。生成AIの
発展によってこのオープンワールドゲームが次の次元に進化し、無限のワ
ールド空間とストーリーを持つゲームが登場するようになると考えられる。
「コラム7」で詳しく紹介するが、3Dワールドや3Dアセットをプロンプ
トから生成できる「Promethean AI」（米Promethean AI）や「Kaedium」
（英Kaedium）などのツールも登場。こうした進化の先では、ユーザーの行
動に合わせて動的にゲーム空間を創造して無限の広がりを持つワールドを
提供することも可能になるだろう。また、その中で提供されるゲームシナ
リオやNPC（プレーヤー以外のコンピューターキャラクター）とのやり取

りも、大規模言語モデルによって無限のパターンが提供されるようになる。

変化3）インディーズでも現在のAAAタイトルのゲームをつくれるようになる

AAAタイトルのゲームとは、莫大な予算がかけられておりクオリティーが非常に高いゲームのことを指すが、上述のようなゲーム領域での生成AIの進化によって、個人でも現在のAAAタイトルクラスのゲームをつくれるようになる可能性がある。

しかし、それはゲームスタジオ制作によるAAAタイトルのゲームがなくなることを意味するのではない。AAAタイトルの基準が今よりも格段に上がることを意味する。ちょうど30年前の各ゲーム会社肝入りのゲームを今では個人デベロッパーがつくれるように、技術が進化することによってコンテンツの水準そのものが上がっていく。

教育／学習業界:

変化1）全ての学生・学習者に最高の忍耐力と知識を持った家庭教師・パーソナルトレーナーがつく

生成AIの発展によって、教育格差がどう変わるかについては2つの側面があるだろう。1つは、デジタルリテラシーや経済状況によって最新のAI技術にアクセスできるかの差による教育格差は残念ながら発生すると考えられる。一方で、従来は十分な教育を受けることができなかった学生にも、AIによって高度な教育が行き届くというポジティブな変化も起きるだろう。しかも、それはAIという最高の忍耐力と知識を持った家庭教師が1人1人の学生につくという形で起きる。

Googleの最新のAIである「Gemini」のデモでは、手書きの物理のテスト用紙をアップロードすると自身の回答が合っているかどうかを教えてくれ、間違った設問の解き方を教えてくれる。こうしたAIは幅広い知識を持ちながら、無限の忍耐力で学生に寄り添ってくれる。

また、学習テーマごとにその道のプロである歴史上の偉人から教育を受けることも可能になる。実際に大規模言語モデルの仕組みを活用して、歴史上の偉人とチャットをすることができる「Hello History」（スウェーデンFACING IT International AB）などのサービスが既に存在しており、こう

したサービスが進化する先でソクラテスから哲学を教わり、アインシュタインから物理を教わるなどといった学習体験も可能になるだろう。

▼ Hello History

出所：Hello History（https://www.hellohistory.ai/）

変化2）教材自体も自動生成されるようになる

　創造の限界費用をゼロにするという生成AIの本質価値の1つが発展していった先で、生徒の個性や学習進捗に最適化された教材がリアルタイムに個別生成される時代も来るだろう。実際に、米Kyron Learningは学習者の返答に応じて、事前に録画された講師のビデオからAIが最適なものをピックアップして再生したり、講師の回答を自動生成し、まるでライブで家庭教師から教わっているような体験を提供したりするサービスを展開。近い将来には、学生の回答に応じてAIが最適な教育動画をリアルタイムで生成して学習をサポートすることも可能になるだろう。

▼ Kyron Learning

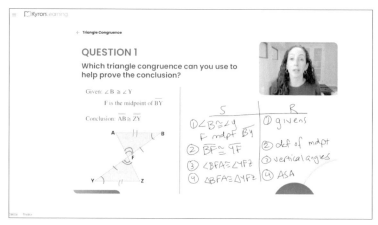

出所：Kyron Learning（https://www.kyronlearning.com/）

変化3）生成AIを使う前提での思考力を養う時代になる

　教育分野で、学生が提出する課題がChatGPTなどの生成AIによるものか
を検出するツールがいくつも登場している。しかし、反対にそうした検出
ツールに引っかからないような回答を生成するAIサービスも出てきており、
まさにいたちごっこ状態だ。

　もちろん初等教育においては、生成AIに頼らず計算や作文をするなどの
テストは重要だ。しかし、これからは高等教育以上で生成AIを使うことを
前提とした思考力を養う教育も実践するべきだと個人的には考えている。生
成AIはこれからの時代の電卓や電子辞書、検索ツールのようなもの。その
ツールを前提としてどのような思考を行うかが重要であり、それを完全に
禁止して教育を行うことはその学生の能力を磨く上での実態に即している
とは言えないだろう。

┃これからの経営、事業づくりには「未来への想像力」が強く求められる

　本章では生成AIの進化が形作る未来の社会や人間の在り方、各産業にお
ける変化のビジョンを提示してきた。一連の未来予想を見てもらう中で、少

なくともAIの発展によって世界は大きく変化する、ということは分かってもらえただろう。

　会社を経営する者、事業をつくる者にとって未来を見通す力は昔から重要だ。しかし、生成AIをはじめとするテクノロジーの進化が加速し、社会の変化の度合いとスピードも高まる中で、そうした「未来への想像力」を組織や事業を率いる人間が持つことが今まで以上に重要になったと感じている。ぜひ本章でのインプットをきっかけに自分なりの未来社会を想像し、それを形にしていってもらいたい。

　3章 生成AI時代に各業界、そして社会全体はどのように変化するか

大規模言語モデルは脳科学・記号論・言語学の観点で驚くほど良くできている

　このコラムでは少しコーヒーブレーク的に、生成AI技術の中でも中心的な存在である大規模言語モデル（LLM）の仕組みについて、脳科学や記号論、言語学といった別視点から考察してみたい。

　ChatGPTなどに代表される対話型AIサービスが従来のAIサービスに比べて圧倒的に自然な対話ができるようになった要因としては、大規模言語モデルの登場によるところが大きい。

　そして、なぜ大規模言語モデルでは自然な対話ができるかというと、その秘訣の1つは大規模言語モデルは大量のテキストを学習する際に、文章内の単語を「ベクトル（向きと長さを持つ数学的な量）」に変換して処理しているからだ。

　理解のために単純化して説明すると、「王様」という単語は「富」や「権威」などのベクトルは強く、「貧乏」というベクトルは弱い、などのようなイメージだ。GPTなどの大規模言語モデルにおいて実際には、単語やテキストは数万という次元でベクトル化されており、単語やテキストの意味が近いほどそれぞれのベクトル同士の距離が近くなる。そして、このベクトル変換によって、文章という非構造的なデータを精度高く柔軟に扱うことが可能になっている。

　これこそが大規模言語モデルが高い言語能力を獲得したポイントである。だが、これは脳科学、記号論、言語学の観点で非常に理にかなっているのではないかと思う。

　一言でいうと、人間が意味や概念を扱う処理とかなり近い処理が、この言葉の

ベクトル化なのだ（厳密には単語のベクトル化自体はWord2Vecなどのように以前から存在しており、巻末特典1で解説するようにTransformerモデルによって文章が長くなっても文脈を捉えたような処理が可能になったことが大規模言語モデルのブレークスルーにつながった。しかし、単語のベクトル化が大規模言語モデルの重要な特徴であることには違いなく、ここでは分かりやすさ重視のために上記のような説明をした）。

脳は知識の保存と思考を「座標系」で行っている

　まずは脳科学的な見地から大規模言語モデルの働きを考えてみる。2022年発行のジェフ・ホーキンス氏著の『脳は世界をどう見ているのか』（早川書房）という本を紹介したい。

　ジェフ・ホーキンス氏は本書にて、「全ての知識は脳内で座標系として保存され、脳が何かを思考するときは、脳の新皮質全体が座標系をつくり、数千のニューロンが同時に活性化し、ある種の『投票』が行われることによって1つの知覚が形成される」という驚きの新説を提唱している。

　例えば、脳がコップを認識する際には、コップの形状や自分との相対位置を脳内で座標系として認識している。しかも、具体的な物体だけではなく、愛や正義といった抽象的な概念についても人間の脳はそれらを脳内で座標系に変換して思考している、というのだ。

　本書では、その理論を裏付けする様々な研究も紹介されるのだが、上記はまさに大規模言語モデルがベクトルという座標系で知識をストックし、確率論的に答えを生成するというプロセスとまさに符号するとみえる。

異なる言語の文字同士も構成要素の頻度は同じであり、自然のなかの形状の出現頻度とも同じ

　大規模言語モデルを記号論的な見地から考える上で、理論神経科学者のマーク・

チャンギージーの研究は非常に興味深い。

　チャンギージー氏によると、何と「ヒトはみな同じ文字を書いている」、という。

　どういうことかというと、まずチャンギージー氏らは下図のように、物体を構成する基礎的な要素（Ｔ字／Ｌ字／*字など）を整理し、漢字やアルファベットなど様々な文字システムにおいて、そうした基礎的な形の要素が出現する頻度を分析した（Mark A. Changizi, et al.,2006参照、出所の詳細は下図の下部に）。

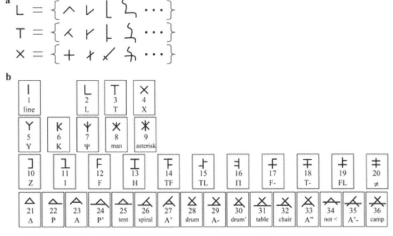

出所：Mark A. Changizi, et al.（2006）,「The Structures of Letters and Symbols throughout Human History Are Selected to Match ThoseFound in Objects in Natural Scenes」（https://www.journals.uchicago.edu/doi/10.1086/502806）,The American NaturalistVolume 167, Issue 5,619-775、以下同

　すると驚くべきことに、（1）漢字などの表語文字、（2）カナやアルファベットなどの非表語文字、（3）矢印やピクトグラムなどの記号群、という一見全く異なる見た目をしている文字システム間で基礎的なカタチの出現頻度の分布が下のグラフのようにほとんど一致したのだ。

▼3つの文字システムにおける基礎的なカタチの要素の出現頻度

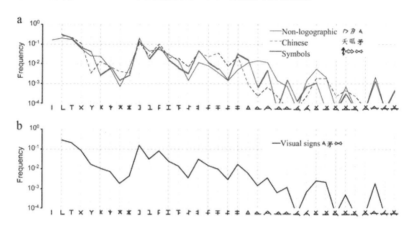

さらに驚きの研究結果はまだ続く。

チャンギージー氏らは、私たち人間が見ている景色に対しても同様に基礎的なカタチの要素の出現頻度を分析した。彼らは（1）人類の祖先たちが見ていた自然界の光景に近い部族写真、（2）『ナショナルジオグラフィック』誌のアウトドアシーンの写真、（3）CGで描画した近代都市空間の建物や街並みのデータ、それぞれを大量に用意し、それらにおける基礎的なカタチの要素の出現頻度を分析したのだ。

すると、これも驚くべきことに、3種類の画像の中に現れる基礎的なカタチの要素の分布は、先述の文字・記号の中に出現するカタチの要素の分布ときれいに相関していることが分かった。

つまり、人間は自然の中の事物を見分けているパターンと同じ頻度でカタチの要素を組み合わせ、文字をつくってきたのだ。

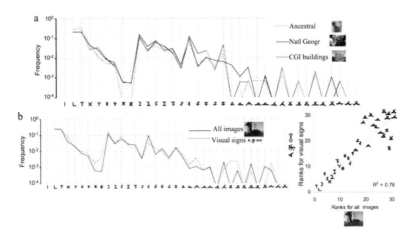

　つまり、人間がつくった文字は、構成要素の出現頻度で見ると皆同じ分布をし、その出現頻度は自然界における構成要素の出現頻度と同じ分布になっており、人間は自然の中のカタチの出現頻度をまねて文字をつくってきたと考えられる。

　この研究は大規模言語モデルの仕組みや、AIの諸研究と直接結びつくものではない。しかし、個人的にはチャンギージー氏らの研究によって示された事実と大規模言語モデルの仕組みの共通項に思いを馳せずにはいられない。

　GPTなどの大規模言語モデルはテキストデータを学習する際に、英語や日本語など様々な言語のデータを一度ベクトルという形でAIにだけ分かる共通言語に全て翻訳。言語の壁が完全になくなったAI語のデータとして保存している。

　レイヤーもスケールも異なるが、自然界をある種のベクトル的な構成要素として認識し、文字というシステムをつくり、それによって繁栄してきた人間という種が、対象をベクトル的に認識することで圧倒的な知能を獲得したAIを生み出した、というのは何とも壮大なドラマではないだろうか。

言語学的なLLMと人間の共通点と相違点

　最後に、言語学的な観点からも大規模言語モデルの仕組みについて考えてみたい。

　2023年発行の今井むつみ氏と秋田喜美氏の著書『言語の本質』（中央公論新社）では、我々の言葉がどう生まれ、進化してきたかという疑問に関して、「オノマトペ」や「アブダクション（推論）」を中心的な鍵としながら興味深い仮説が提示されている。

　本書の仮説を端的にまとめると以下のようになる。

　まず我々の祖先はオノマトペ（ニコニコやギクッといった言葉）を使用するようになり、それらが文法化され、体系化されて、現在の記号の体系としての言語になっていった。

　そして、その過程ではアブダクション（推論）によって、知識や概念を拡張することで、現在の複雑な記号体系をつくり上げることができた。

　子供が言語を覚えていく過程も、基本的には上記のプロセスをたどる。そして、それはとても統計的な作業だ。子供は、自分の母語において、単語の最初に来る確率が高い音（例.わたし）と低い音（例. です。）、そして単語の最後に来やすい音（例. です。）、来にくい音（例. わたし）などを分析し、そうした確率的な作業を通して文章を形成するようになっていく。

　この確率的な文法の学習と文章生成は、何とも大規模言語モデル的に見えないだろうか。

　ただし、GPTなどの大規模言語モデルと我々人間とで決定的に異なる点がある。それが「記号接地しているかどうか」だ。

　我々は「身体的感覚」と「オノマトペ」を通して、「最初の知識」を形成し、それをブートストラッピング・サイクルによるアブダクション（推論）を通して言語を学習していく。

　しかし、GPTなどの大規模言語モデルには、その「身体性を伴う最初の知識」というものが存在しない。

　つまり、大規模言語モデルがどんなに知性的に言葉を話そうと、そのAIは話している内容を実は全く理解できていないともいえる。

　AI開発における記号接地の欠如の問題が指摘されてから久しいが、人間の言

語の形成や学習過程から考えると、やはり非常に優秀な大規模言語モデルにおいても記号接地できていないというのは大きな欠陥であることが分かる。

生成AIに取り組む上で抽象レイヤーの思考も重要

　以上、脳科学、記号論、言語学などの観点で、それぞれ参考となる書籍や文献を1つずつ紹介しながら、通常とは異なる視点で大規模言語モデルの働きについて考えを巡らせてみた。紹介した3つの文献で提唱されるのはいずれも科学的に検証された事実ではなく「仮説」であり、それらの仮説をベースに展開した著者の考えも単なる考察に過ぎない。

　しかし、高度な能力を持つ大規模言語モデルを中心とした生成AIに取り組むに当たり、単にそのビジネス的な活用を考えるだけではなく、たとえ間違っていてもいいので、AIの本質や、人間の知性それ自体、そしてこれからの人間の在り方を考えていく姿勢は重要だと考えている。本書はあくまで実用書のため大部分は実務的な内容に割いたが、こうした抽象的な問いを考える姿勢も大事にしたいという思いから1コラムを本テーマに充てさせてもらった。

4章

生成AIサービスにおけるUXデザインのポイント

ここで再び時間軸を現在に戻して、今度は生成AIサービスをつくる上で重要になるユーザー体験設計のポイントについて解説していこう。

　生成AIサービスを事業として展開していくにあたり、ユーザー体験（UX）は極めて重要になる。なぜなら、多くの生成AIサービスがそのコア機能をGPTなどの外部サービスのAPIに依存するため、サービスの機能それ自体は長期的な差別化要因になりにくいからだ。相対的にユーザー体験の良しあしが、企業や消費者がサービスを選ぶ際の判断軸として重要になってくる。

　また、生成AIサービスはまだユースケースやUXのベストプラクティスが十分に確立しておらず、継続率やエンゲージメント率などの指標が通常のサービスと比較して低い水準にとどまっているという事実も、企業やつくり手は認識しておくべきだろう。米国のベンチャーキャピタルSequoia Capitalが公開している次ページのデータでは、ChatGPTやRunwayなどの生成AI領域の代表的サービスとYouTubeやInstagramなどの既存の代表的サービスを比較した際に、ユーザー定着率とエンゲージメント率の双方において生成AIサービスは既存サービスの相場を下回るという結果になっている。

　具体的には利用開始1カ月後の継続率は、既存サービスの中央値が63％なのに対して、生成AIサービスは42％にとどまっており、DAU（1日あたりのアクティブユーザー数）／ MAU（1カ月あたりのアクティブユーザー数）というエンゲージメントの指標でも既存サービスの中央値が51％なのに対して、生成AIサービスはたったの14％と、かなり差がある。

　つまり、生成AIサービス全般として、優れたUXを構築して高頻度かつ長期でサービスを使ってもらえる状態を実現するというのは重要なテーマになっている。

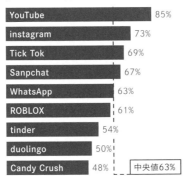

1カ月後継続率
非AIファーストで代表的なサービス

サービス	割合
YouTube	85%
instagram	73%
Tick Tok	69%
Sanpchat	67%
WhatsApp	63%
ROBLOX	61%
tinder	54%
duolingo	50%
Candy Crush	48%

中央値63%

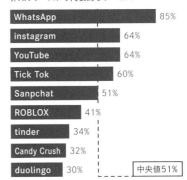

DAU/MAU
非AIファーストで代表的なサービス

サービス	割合
WhatsApp	85%
instagram	64%
YouTube	64%
Tick Tok	60%
Sanpchat	51%
ROBLOX	41%
tinder	34%
Candy Crush	32%
duolingo	30%

中央値51%

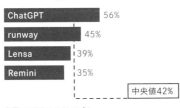

AIファーストな代表的サービス

サービス	割合
ChatGPT	56%
runway	45%
Lensa	39%
Remini	35%

中央値42%

米国におけるモバイルアプリ
利用の数字のみの比較

AIファーストな代表的サービス

サービス	割合
character.ai	41%
runway	27%
Remini	14%
ChatGPT	14%
Lensa	12%

中央値14%

米国におけるモバイルアプリ
利用の数字のみの比較

Sequoia Capital「Generative AI's Act Two」（https://www.sequoiacap.com/article/generative-ai-act-two/）で公開されているデータを基に作成

そこでは、生成AIの特性を生かして生成AIならではの新しいユーザー体験、いわば「生成AIネイティブなUX」を構築することが重要になる。

しかし、国内でも生成AIを使ったプロダクトづくりに取り組む企業は増えているが、生成AIサービスにおけるUXのベストプラクティスについてはほとんど体系化されていないのが現状だ。

今後、そのテーマを扱った専門的な書籍も出てくると思われるが、本章は現段階でも生成AIサービスのUXデザインについてある程度の理論と見通しを提供することを目標に、うまく設計されている生成AIサービスの実例を掲載しながら「生成AIサービスにおけるUXデザインのポイント」について解説していく。

| UXの基本方程式

　具体的なポイントの解説に入る前に、UX（ユーザー体験）の質という抽象的な概念をより捉えやすいものにするために1つの方程式を導入したい。UXの質を測る手法や指標は多数存在するが、私は突き詰めると以下の方程式で表せると考えている。

▼ UXの方程式

$$UX = u(便益) + e(情緒価値) - f(フリクション)$$

　u（便益）とは、ユーザーがプロダクトやサービスを使用することで得られる具体的な利益を指す。例えば、AIライティングツールであれば、生成される文章によってユーザーが仕事を効率化するなどの恩恵がそれに当たる。

　e（情緒価値）とは、製品やサービスがユーザーの感情に与えるプラスの影響を指す。例えばサービスが親しみやすいメッセージでユーザーと接していたり、視覚的な魅力やデザインの洗練度、サービスブランドのイメージなどがこれに影響する。

　f（フリクション）とは、ユーザーがサービスを使う上で体験する障壁や困難を指す。具体的には、特定のタスクを完了するための所要時間の長さ、必要なステップ数の多さ、エラー率、また注意深く考えることを強いる認知的負荷などの総和がユーザーにとってのフリクションとなる。

　サービスのUXを改善する上では、まずu（便益）の最大化とf（フリクション）の最小化に取り組み、その上でe（情緒価値）の最大化にも徐々に着手していく、という進め方が望ましい。

　以降はこの考えをベースにしながら、生成AIサービスにおけるUXデザインのポイントを紹介していこう。

【ポイント1】入力例を提示してWOW体験を確実に届ける

　まずUX設計において考えるべきは、フリクション（f）を最小化してサービスの便益（u）を確実にユーザーに感じてもらえるようにすることだ。

　多くの人にとって、初めて使う生成AIサービスでどこまでのことができるのかというイメージは湧きにくい。そして、どんな便益を得られるサービスか分からない状態でわざわざ複雑な操作をしてサービスの真価を試してみようと考えるユーザーは少ない。

　そのため、生成AIサービスにおいてはメイン機能の画面において、どういったことができるのかを提示するための具体例、テキスト入力型のサービスであれば入力プロンプト例をいくつか提示してユーザーがすぐにサービスのコア体験をできるようにすることが重要だ。

　例えば、Google版ChatGPT的なサービス「Bard」や、質問に対してオンライン検索した内容を基に回答を生成してくれる「Perplexity AI」（米Perplexity）のように、入力例をクリックすると実際にその入力例に対する回答を生成して表示されるような体験がまさにそれをうまく実現している例である。そうすることで、ユーザーはまだ使い方に習熟する前から、AIが高度な回答を返してくることに感動する「WOW体験」を得られ、サービスの利用に対して前向きになってくれる。

▼ Bard

出所：Bard（https://bard.google.com/）

▼ Perplexity AI

出所：Perplexity AI（https://www.perplexity.ai/）

　インプットするフィールドが複数あるような、入力が複雑なサービスにおいては、上記のような入力例を提示する形は実装が難しい。

　その場合は、デンマークのUizardが提供するUIデザイン生成AIサービス「Uizard」のように、「Try example」といったボタンを用意し、1クリックするだけで生成のために必要な要素の例が埋められるようにし、とりあえず生成のWOW体験を届けるのも手だ。

▼ Uizard

出所：Uizard（https://uizard.io/）

【ポイント2】何でもかんでもチャットUIにしない

生成AIサービスにおいて、よく見受けられるのがチャット形式のUIだ。しかし、チャット形式のUIは一見、汎用性が高く、便利なように見えるが、実は落とし穴がある。

イスラエルの「Wix」は、Webサイトをパーツのドラッグ＆ドロップなどの操作だけでノーコードで制作することを可能にするサービスを提供している。Wixでは、編集したい箇所をクリックした際に生成AI機能のボタンが出現し、コピーや商品説明などの文章をAIに生成してもらえる。

▼ Wixで編集選択した箇所に表示される生成AI機能

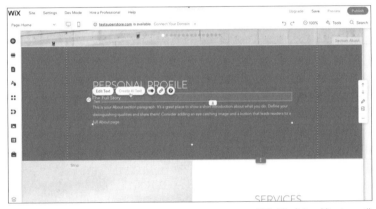

出所：Wix（https://ja.wix.com/）

チャットUIは自由度や柔軟性が高い半面、対話という形式を取る以上、入力すべき情報が多く、操作が煩雑になるというデメリットがある。そのためWixのような制作系のサービスにおいて生成AI機能を提供する際には、むやみにチャットUIにせず、対象箇所にひも付いてAIをアシスタント的に呼び出せるようにした方が生成結果の質が上がって便益（u）が最大化したり、フリクション（f）を最小化することにつながる。

ユーザーが何かしらの作業を行うようなサービスに生成AI機能を入れる際は、安易にチャット形式のアシスタントを入れるよりも、ユーザーの作業箇所に対応してAI機能を呼び出せるような設計の方が、作業の効率化につながる可能性が高い。

【ポイント3】ユーザーにプロンプトエンジニアリング力を求めない

　生成AIサービスでは、入力するテキストなどの情報の記入の仕方によって生成されるアウトプットのクオリティーが左右される。そのため、AIに高品質なアウトプットを出してもらうための入力テクニックが、「プロンプトエンジニアリング」として注目されている。

　生成AIサービスを活用する上で、プロンプトを駆使するスキルを伸ばしていくことは重要だ。だが、多くの人はプロンプトエンジニアリングという面倒な手順をできるなら避けたいと思っている。サービスのつくり手としては、いかにそのスキルを必要とせず多くのユーザーが簡単に使えるようにするかを設計することがポイントだ。

　前述のWixの生成AI機能はこの点でも工夫がある。WixでWebサイト内の文章などを生成する際、自社の業態やブランド名、文章のテーマ、重視したいポイントなどをそれぞれフォームに記入するだけで求めるアウトプットが生成される。難しいプロンプトを自分で考える必要は全くない。

▼ Wixの生成AI機能で提示される入力フォーム

出所：Wix（https://ja.wix.com/）

　実はこれは、裏側でWix側が設定してくれている高度なプロンプトに入力要素が自動挿入される仕組みなのだ。このようにユーザーには入力してほしい項目をフォームの形で提示し、複雑で高度なプロンプトは裏側で勝手に走らせるようにすることで、なるべくユーザーにプロンプトエンジニア力を要求しないような設計が望ましい。

もちろん自分で細かい設定などをしたいユーザーも一部いるだろうが、大多数のユーザーにとってプロンプトエンジニアリングの学習や実践を強いられるのは大きなフリクション（f）にほかならない。利用の裾野を広げ、誰でも使いやすいようにするためにこうした設計は重要だ。

【ポイント4】クオリティーが重視される実務利用では、単一の生成結果を提示するのではなく複数の選択肢を提示する

　Wixの生成AI機能は本当によく設計されているので、そんな彼らのUIから参考になる点をもう一つ紹介しよう。

　toCサービスとは異なり、実務で使用するための生成AIサービスは、生成するアウトプットのクオリティーがユーザーの要求水準を満たさないと使われなくなってしまう。だが、実際のところ、一発でユーザーが望むアウトプットを生成することは現時点では難しいケースも多い。

　そこで有効な手法が、1つの生成結果を提示するのではなく、複数の結果を選択肢として提示し、ユーザーの理想に最も近いものを選んでもらう、という方法だ。サービス提供側は、複数の異なる方向性でアウトプットを生成するように裏側のプロンプトを構築することで、ユーザーが望む方向性とマッチする可能性を高められる。たったこれだけでユーザーが享受する便益（u）は高まるはずだ。

▼ Wixでは生成結果が複数パターン表示される

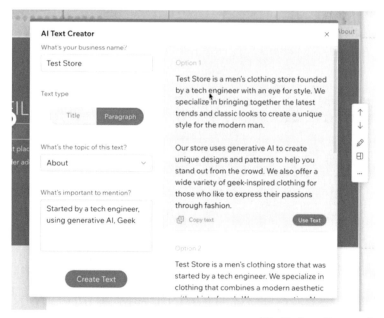

出所：Wix（https://ja.wix.com/）

【ポイント5】UIすら自動生成して提示する

　米JasperのAIライティングサービス「Jasper」に搭載されている「Dynamic Template機能」は、生成AIサービスのこれからのUXを考える上で非常に参考になる。

　Dynamic Template機能は、契約書やプロダクトのロードマップの作成など、AIにやってほしいことを入力するだけで、自動で必要な要素の入力フォーム自体が生成される仕組みだ。後は、フォームの項目の通りに情報を埋めていくだけで、かなり精度の高い文書が生成される。

　そもそもChatGPTなどに、契約書やプロジェクトロードマップといった文書をつくるために必要になる情報の項目を問えば、答えてくれる。Dynamic Template機能では、OpenAIのGPTのAPIを活用し、必要な項目を考えてもらう仕組みだ。そしてそれらの項目をテキスト入力エリアとし

てインターフェースに反映し、ユーザーに提示している。

　一見、高度なことを行っているように見えるが、実は外部の大規模言語モデルのAPIを活用し、見せ方を工夫することでより使いやすいUIを生み出すことにつなげているのだ。これによりフリクション（f）をそこまで上げることなく、生成するアウトプットのクオリティーという便益（u）の最大化を実現している。

▼ JasperのDynamicTemplate機能

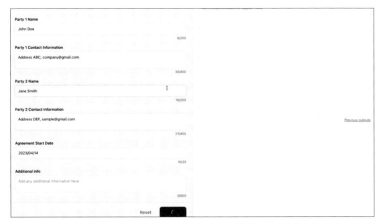

出所：Jasper（https://www.jasper.ai/）

【ポイント6】Discordで高速にインターフェースを用意する

　動きの早い生成AI領域において、サービスを素早く提供することは重要。高速で公開したい場合は、インターフェースを「Discord」（Slack的なチャットサービス）にしてしまい、インターフェース開発の工数を大きく削減するのも手だ。

　実際に、画像生成AIとして世界で広く使われている「Midjourney」のインターフェースはDiscordである。Discord上のMidjourneyのチャットルームに参加し、メッセージボックスに打ち込んだ文章がプロンプトとなって、画像がアウトプットされる。ユーザーはMidjourneyのボットが返してくる生成画像の下に表示される様々なボタンや、特定の絵文字をリアクション

として押すことで、別バリエーションの生成や画像の高解像度化などの様々な機能を最小の実装で実現している。

実際に、2023年11月時点でMidjourneyのユーザー数（＝Discordのサーバーへの登録数）は1600万人を超えているが、Linkedinの企業ページやいくつかのメディアによるとその従業員数は約50人程度であり、そのユーザー規模に対して通常よりもはるかに少人数で、頻繁にAIモデルのバージョンアップデートを行ってユーザー便益（u）の最大化に集中して取り組めている。

▼ Discord上で使えるMidjourney

出所：Midjourney（https://discord.com/invite/midjourney）

【ポイント7】大企業向けサービスの場合、データセキュリティーはしつこいくらいユーザーに保証する

企業向けに生成AIサービスをつくる上で、実は重要になってくる意外なポイントもある。それは、データセキュリティーだ。

現時点で企業が生成AIサービスを導入する際に気にするポイントとしてよく挙げられるのが、「自社データが外部に漏れてしまわないか」だろう。私がイベント登壇した際も、企業経営者やIT部門の担当者からこうした質問をもらうことが多い。

　現在は、ChatGPTのサービス上でデータの学習をオフにするオプトアウト機能を用いずに使うなどしない限り、企業向けのGPTサービスでデータセキュリティーの問題があるようなものの方が少ない。だが、特に大企業はそうしたデータセキュリティーの問題に敏感なため、入力した内容がきちんと保護されていることを、しつこいくらい保証しておくことも導入のハードルを下げたり、ユーザーが安心して使えるようにするために重要になる。

　Microsoftが2023年7月に発表した企業向けAIチャットサービス「Bing Chat Enterprise（現在はMicrosoft Copilotに統合）」では、以下のUIのように回答のたびにデータが保護されていることを保証するダイアログが表示されている。

　こうすることで、生成AIがまだ当たり前になっていない現時点で起きがちなセキュリティーへの不安というユーザーのフリクション（f）を解消して、安心感という形で情緒価値（e）を上げつつユーザーが安心して自社データをアップロードしてサービスを使えるようにしている。

▼ Microsoft Copilot

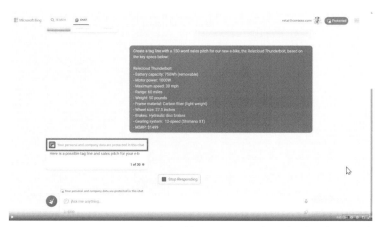

出所：Microsoft Copilot（https://www.microsoft.com/en-us/bing/chat/enterprise/）

【ポイント8】一気に最終形を生成するのではなく、途中過程でユーザーが期待する方向性を聞く

複雑なアウトプットであればあるほど、一発のプロンプトでユーザーが求めるアウトプットが生成される可能性は低い。

例えば、ChatGPTでブログ記事全文などの高度なアウトプットをつくる場面を考えると、プロセスを複数のステップに区切ってその度に微調整をしながら進めると、自分の理想に近いものが手に入りやすい（このプロンプトについては6章で解説する）。

それと同じように、AIが成果物を生成する中で、途中段階でユーザーの希望する方向性をヒアリングし、段階を踏んで最終的なアウトプットをつくるようにするUXも、理想とのミスマッチを避ける意味では有効だ。

リサーチAIツール「Perplexity AI」（米Perplexity）では、テキストボックスに知りたいことを入力すると瞬時に関連する30記事ほどを読み込んだ上で、ユーザーが特に気になる情報を問うチェックボックスを提示する。そのチェックボックスに回答することで、ユーザーは興味関心とのズレの少ない回答を手に入れることができる。

▼ Perplexity AI

出所：Perplexity AI（https://www.perplexity.ai/）

また、プレゼンテーション生成AIサービス「Tome」（米Magical Tome）では、「○○についてのプレゼンテーションをつくって」という形で指示をすると、まず下図のようにタイトルと章立てという粒度で生成してくれる。その段階で編集や並び替えをすることで、ユーザーの理想形に近いアウトプットを生成しやすくしている。

▼ Tome

出所：Tome（https://tome.app/）

　Tomeのような気の利いたインターフェースの開発まで手が回らない場合は、同じく米国のプレゼンテーション生成AIサービスの「Gamma」のUIも参考になる。ユーザーが求めるプレゼンテーション資料のテーマを入力すると、ユーザーのインプットエリアに構成の箇条書きが自動挿入され、ユーザーはそれを編集して送信することで望む構成をサービスに指示することができる仕組みになっている。このような手法であれば、比較的低い開発コストで実現可能だ。

▼ Gamma

出所：Gamma（https://gamma.app/）

ここでのポイントは作業ステップを複数回に分けるという形でフリクション（f）が多少上がることを許容しつつも、それ以上に生成結果のクオリティーというユーザー便益（u）を上げることで、最終的に高いUX水準を実現していることだ。

　このように、UX水準を決める要素となる3要素は互いにトレードオフの関係になることもあるが、重要なのはそのバランスであり、便益（u）と情緒価値（e）の総和が十分に高ければユーザーはある程度のフリクション（f）があってもそのサービスを満足して使用してくれる。

u（便益） + e（情緒価値）

【ポイント9】テンプレートは、とりあえず何でも入力できるルートとセットで提供する

　生成AIサービスにおいて、用途ごとに入力をサポートしたり、生成結果のクオリティーを底上げすることができるテンプレート機能は有効だ。

　しかし、ユーザーにとっては、テンプレートを探す手間が利用を敬遠する理由になってしまったり、そもそも実現したい用途のテンプレートが存在しなかったりという状況に陥りやすい。つまり特定のシナリオでのユーザー便益（u）を強めるあまり、それ以外のシナリオでの便益（u）やフリ

クション（f）が高まってしまうことがあるので注意したい。

その対策として、以下の米Unacademyが展開するAIライティングツール「Cohesive」のページ上部のボックスのように、とりあえずテキストを入力して生成することができる自由度の高い機能もセットで用意しておくことが有効だ。

例えば、Cohesiveのユーザーは、InstagramのキャプションやFacebook広告といったテンプレートを選択してフォームに必要な情報を記入してアウトプットを生成することもできれば、サイト上部のテキスト入力ボックスに「●●についてのブログを書いて」などのように、自由に生成物を指示することもできる。

こうすることで、ユーザーは自分の用途に合ったテンプレートを探して、便利かつ高クオリティーな生成を実現するルートと、自由度高くスピーディーに生成するルートのいずれかを、用途に応じて最適に選択することが可能になる。

▼ Cohesive

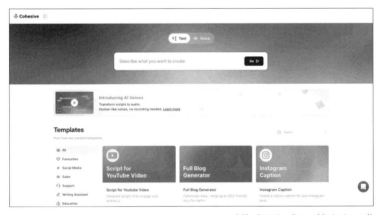

出所：Cohesive（https://cohesive.so/）

【ポイント10】ユーザーにAI Botの回答を評価する手段を提供する

AIのチャットボットをサービスに組み込む場合に取り組みたいポイント

がある。直接ユーザー体験を向上させられるようなポイントではないが、長期的にユーザー便益（u）を向上してユーザー体験を向上させるためにはとても重要な要素だ。

　大規模言語モデルを組み込んだチャットボットを実装するサービスは増えているが、生成されたアウトプットがユーザーの期待する回答になる確率は残念ながら100%ではない。

　そのため、生成された回答がユーザーを満足させた比率をKPIとして計測し、その比率を高められるようにプロンプトや参照データを調整することが重要だ。

　カスタマー対応のためのチャットボットを、GPTなどの大規模言語モデルで自動化する「Ada」（カナダAda）や「CommandBar」（米CommandBar）のようなサービスでは、AIの各回答が役に立ったかどうかをユーザーが評価できるようになっており、サービス提供側は改善のヒントを得られる。

　外部のAPIなどで生成AIサービスを実装している場合でも、裏側のプロンプトのチューニングや、特定のデータベースを参照する仕組みなどを最適化することで回答の質を向上することは可能だ。アウトプット品質はサービスの満足度にも直結するため、日々の改善は欠かせないだろう。

Ada　　　　　　　　　　　　　　　　Commandbar

出所：Ada（https://www.ada.cx/）
出所：CommandBar（https://www.commandbar.com/）

【ポイント11】 フレンドリーな口調で、使う楽しさを増幅する

優れたユーザー体験のためには使いやすさだけではなく、使っていて楽しくなるような感性的なデザインも重要だ。MicrosoftのBing AIはまさにそうしたデザインをプロダクトにうまく取り入れている。Bing AIに何か質問をすると、それに対して機械的な口調で答えるのではなく、「！」マークや絵文字を使って楽しげで親しみのあるトーンで回答してくれる。これにより、ユーザーは対話型AIとのやり取りをよりポジティブな体験として捉えることが可能になる。

こうした情緒価値（e）を上げるためのデザインもバランスよく実践していきたい。

▼ Bing AI

出所：Bing AI（https://www.bing.com/）

以上のように、ユーザー体験の方程式にもとづいてユーザー便益（u）と情緒価値（e）を最大化し、フリクション（f）を最小化するという生成AIに限らず重要な思考を持ち、それに加えて生成AIによって可能になった新たなユーザーインタラクションを積極的に駆使しながらユーザー体験の総和を向上させていくという考えが生成AIサービスのつくり手には求められる。

欧米圏と比べて日本で生成AIのサービスや事業が生まれづらい要因の1つとして、「MOAT絶対信仰」があるのではないかと私は考えている。

MOATとは2章で解説したように、「中長期で競合企業に負けない理由」、言い換えると「一度勝ち取った市場をその先も守り抜けるのか、勝ち続けられるのかという問いへの答え」がMOATである。

そしてこれも先に触れたように、コア機能をGPTなどの外部のAPIやサービスに依存する傾向が強い生成AIの領域では、このMOATというものは設計しづらい。

しかし、MOATが完璧に描けないと事業化を進められないという態度ではいつまで経っても生成AIで事業を興すことはできない。なぜなら、そんなものは極論を言ってしまえば誰にも分からないからだ。

ゲームチェンジな新しいAIがほぼ毎月のペースで登場する生成AIの領域で事業を行うのは、ぐねぐねと常に変化するフィールドの上で、その時々のうねりに合わせて柔軟に姿勢を変えながら高い位置を目指して動き回るというゲームのイメージに近い。

そして、そのゲームは先述の通り、すさまじい市場規模で既に始まっている。不確実性の濁流に最後まで飲み込まれずに、上を目指して生き残ったプレーヤーが大きなリターンを得る。

このゲームに完璧なMOAT戦略という初めから分かりきった必勝戦略というものは存在しない。この大きな市場機会をつかもうと思ったら、まずはこのうねるゲームフィールドに飛び乗るしかない。

こうした感覚を国内の経営層で持っている人はまだ少なく、それが生成AI領域の事業になかなか投資できない大きな要因の1つではないか。

そして、こうした変動性の高いゲームで最後に勝つ組織に唯一特徴として挙げられるのは、変化に強いチームであるという点だろう。たまたま戦略が当たり続けるラッキーなケースを除いては、多くのプレーヤーが激変する技術環境やマーケット環境の中で、創発的な戦略策定と実行をスピーディーに行っていくことが求められる。そして、そうした動きにそもそも耐えられるチームなのか、という

観点は初期段階でも重要だ。

　MOATの観点で一定の仮説を持っておくことは重要だ。しかし、企業の新規事業投資や、ベンチャーキャピタルの投資などの判断ではMOATは完璧を求め過ぎず、むしろ即興性と柔軟性の高いチームに資金を張れるかという観点が重要なのではないだろうか。

5章

生成AI技術によって
ユーザー体験の
在り方はどのように
変化するか

生成AIの発展によって、インターフェースやユーザーとサービス間のインタラクションは大きく変化していくことが想定される。その結果、ユーザー体験（UX）の在り方そのものも大きく変わっていくはずだ。この章では、そんな生成AI時代におけるUXの在り方の変化を5つの軸で解説していく。

▼ 生成AI時代によるユーザー体験の変化

① デザインの粒度が "User"から"You"へ

② インターフェースは融解し、知覚されないものになる

③ "OS的レイヤー"の体験に主戦場が広がる

④ "放置系UX"が台頭し、AIフレンドリーが重要テーマになる

⑤ 「マルチモーダルインプット」前提のデザイン

変化（1）デザインの単位が"User"から"You"へ

「ユーザー体験」「ユーザー中心デザイン」「ユーザーインターフェース」などの言葉に現れている通り、基本的にサービスのデザインの対象を捉える単位は"ユーザー"である。しかし、これから生成AI技術が発展し、それがサービスのインターフェースに取り入れられていく中で、デザインの対象を捉える解像度が従来の"ユーザー"から"個人"へと細分化されるのではないかと考えている。

その兆しとなる事例の1つ目が、2章で紹介した顧客ごとにパーソナライズされた動画コンテンツの生成を可能にする「tavus」だ。2章で詳報しているが、tavusでは動画を見る相手の名前や所属する業界などの情報に対応し、発言内容を自動で差し替えた動画が生成される。従来のように、画一的なコンテンツを多くのユーザーに提供したり、属性情報などに合わせてコンテンツを出し分けたりするのではなく、ユーザーごとに生成して提供していくサービスは今後も多く生まれるだろう。

そして、その最適化はコンテンツだけでなく、インターフェースのレベ

ルでも実現しつつある。その最たる例が4章で紹介したAIライティングサービス「Jasper」だ。

　ユーザーはJasperのインターフェース上で「プロジェクト概要書」や「○○についてのブログ」など得たいアウトプットを入力すると、そのアウトプットの生成に最適なインプットフィールドのインターフェースが都度生成される。このようにユーザーの1回の利用ごとに、ある意味では使い捨てのインスタントなインターフェースをつくってユーザーに提供することが、生成AI技術の到来によって初めて可能になった。

▼ ドキュメント生成のための入力フォームが自動生成されるJasper

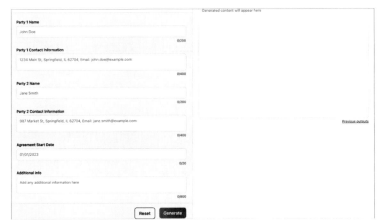

　このように、AIの文脈理解能力と生成コストの低さにより、ユーザーごとにコンテンツもインターフェースも最適なものを都度つくって届けるという、究極的ともいえるパーソナライゼーションが可能になりつつあるのだ。

　そうしたときに、現在の"ユーザー"という粒度でサービスを提供している構造は限界に近い。近い将来に振り返った際、「大量生産・大量消費的」な行為として映るかもしれない。

　このような変化の中で、"User（ユーザー）"という粗い粒度ではなく、いかに"You（あなた個人）"でサービスのデザインを捉えていくかが重要になるだろう。

そして、このデザインの難しいところは「全てをデザインしきれない」ことにある。従来は全ての画面の体験と見た目をデザインしきることで、ユーザー体験をコントロールできた。まさに「神は細部に宿る」ともいわれるように、いかに各画面や機能にこだわりきるか、突き詰めるかが重要でもあったわけだ。だが、生成AI時代に各個人ごとに異なる体験を提供する時代においては、細部にこだわるといった際の細部の意味合いは変化するだろう。

　これは例えると、いわばプロダクトからユーザーに対して画一的なセルフサービスを提供していた状態から、プロダクトとユーザーの間にAIという中間的な"スタッフ"のような存在が入り込み、ユーザーの好みや要望に合わせてサービスを提供するようになる変化と捉えられる。そのときに、中間的なスタッフの振る舞いを100%コントロールすることは難しいが、そのスタッフが適切に働けばユーザーの体験は格段に良くなるはずだ。

　そして、最終的なユーザー体験を良くする鍵は"スタッフ"の育成やマニュアルであり、それはAIにとっての参照・学習データと裏側のプロンプトの最適化やファインチューニングに当たる。店舗事業においてそうしたスタッフのレベルを一朝一夕に上げることが難しいように、この"スタッフ"としてのAIのレベルを上げることも即座にできるわけではない。企業は、プロダクトの一部でも早期から"スタッフ"としてのAIを介したユーザー体験の提供に着手し、知見をためていくべきである。

▼ プロダクトとユーザーの間にAIが"スタッフ"的に介在するようになる

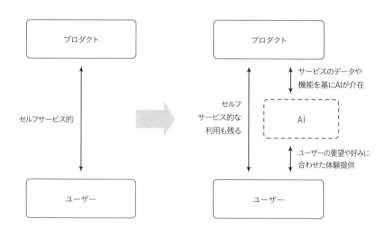

| 変化（2）　インターフェースは融解し、知覚されないものになる

　OpenAIのCEOのサム・アルトマン氏からも出資を受けているウエアラブルARデバイススタートアップHumaneの共同創業者の一人、イムラン・シャウドリ氏が2023年4月の「TED Talks」で披露したデモは、AI時代に当たり前になるであろうインターフェースを提示したものだった。彼は目の前にある食品が自身のアレルギーに問題なく食べられるかどうかを、胸元のデバイスに声で尋ねる。するとHumaneのAIはデバイスに備わっているカメラから見える映像を基に原材料と使用者のアレルギー情報を照らし合わせて判断し、「これはココアバターが入っているので避けた方がよい」などと使用者に音声で伝える。

　ここではデバイスを押すというインタラクションは残っているものの、インターフェースは限りなく行為の中に融け込んでいる。

▼ Humane Ai Pin

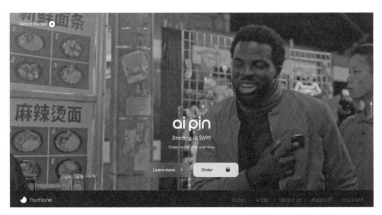

出所：Humane（https://hu.ma.ne/）

　また、視覚障がいのある方々向けのガイドアプリ「Be My Eyes」は、視覚的なインプットに対応したGPT-4Vを組み込み、スマホのカメラをかざすだけで目の前の環境や物体を認識し、説明文章を生成して音声で説明をする。

▼ Be My Eyes

　このように、AIの進化とウエアラブルデバイスの進化によって、マシン側が視聴覚情報などの処理をして能動的にユーザーに情報を教えてくれるようなインタラクションは、今後も増えていくはずだ。そうしてインターフェースの多くは、融けて知覚されないものになっていくだろう。

　インターフェースが融解していくことは、単に操作の手間が軽減される効果を生むだけではない。Be My Eyesの例のようにアクセシビリティーが向上したり、アレルギーや危険物などユーザーだけでは見落としていたかもしれない情報に気づけるようになったり、さらには複雑な操作が不要になることで高齢者などより多くの人が進化する技術・サービスを享受できるようになる。

変化（3）"OS的レイヤー"の体験に主戦場が広がる

　生成AI時代には、開発やUXデザインの主戦場が、現在のようなWebやアプリのレイヤーから"OS的なレイヤー"にまで広がると私は考えている。

　この考えを説明する上で、先に具体例を提示したい。

　テキストで指示するだけでMacのネイティブアプリが生成される「Text-to-macOS App」ともいうべきデモを、個人デベロッパーが既に開発している。さらに、米Brain Technologiesは、プロンプトを書き込むだけでスマホアプリをつくるサービス「Imagica AI」を発表している。このように今ま

では開発に一定の手間とコストが必要だったネイティブアプリも、画像生成のようにプロンプトを入れるだけで誰でも簡単につくれてしまう時代が訪れつつある。

▼ Imagica AI

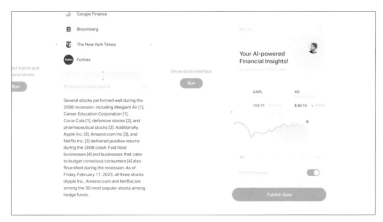

出所：Imagica AI（https://www.imagica.ai/）

　また、MicrosoftがWindows OS自体に対話型AIを搭載したMicrosoft Copilot（Copilot in Windows）を提供。AIアシスタント（Copilot）に「リラックスできる音楽を聞きたい」と伝えると、音楽ストリーミングのアプリを開くことを提案したりと、OS 上で動く様々なアプリケーションと連携する。さらに、個人デベロッパーがGPT-4などの大規模言語モデルを活用して開発した「Open Interpreter」では、ローカル環境において自然な言葉で指示するだけで複数のアプリケーションを横断した処理を実行してくれる。このように様々なアプリケーションを横断して制御するようなシステムを、ビッグテックも個人デベロッパーのレベルでもつくっている状況だ。

▼ Microsoft Copilot（Copilot in Windows）

出所：Microsoft Copilot（https://www.microsoft.com/ja-jp/windows/copilot-ai-features）

　ここまでの話を総合して考えると、以下の図のような流れが見えてくる。
　インターネット初期はWebサイトの開発ハードルが高く、またアプリ自体を開発できるエンジニアや開発環境も少なかった。そのため、基本的にアプリのレイヤーでは、OS側が提供するブラウザーアプリが圧倒的な利用シェアを占め、その結果インターネット初期はWebサイトのレイヤーが多くの事業者にとって主な戦場だった。

　そこからWebサイトはほぼノーコードでもつくれるようになって飽和気味になり、AppleやGoogleのアプリストアの登場なども相まって、開発の主戦場はアプリレイヤーに広がった。そして、これからはアプリ自体もプロンプトを入れるだけでノーコードで生成できるようになり、アプリのレイヤーも今のWebサイトと同じくらいのスケールで無数にあふれ返ることが想定される。

　そうした中で、無数のアプリ群を横断したタスク制御ができる、OS的なレイヤーのサービス（厳密には単一OS上で動くアプリケーション横断制御システム）が新たなフロンティアとしてサービス開発の主戦場の1つになると私は考えている。

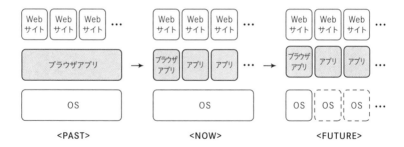

ここでサービス開発者に求められるのは、以下の2つだ。1つは、従来の
Webかアプリかという選択から視野を広げて、OS的なレイヤーのサービス
も選択肢として考えること。そして、自分たちがWebやアプリのサービス
を展開するのであれば、今後の発展が見込まれ、かつ自分たちのサービス
とユーザーとの間の新たな接点になるであろうOS的レイヤーのサービスの
動きに敏感になっておくべきということだ。

変化（4）"放置系UX"が台頭し、AIフレンドリーが重要テーマになる

生成AI時代には、一度AIに指示をしたら後は待つだけのいわば"放置系
UX"が台頭すると考えている。そのため、AIが処理をする対象となるWeb
やアプリのサービスは、ユーザーフレンドリーならぬAIフレンドリーであ
ることが重要になると思われる。

Significat Gravitasというユーザー名のエンジニアが中心になって開発
しているオープンソースツール「AutoGPT」は、GPT-4の言語モデルの思
考を連鎖させて連続的に組み合わせタスクを実行する。例えば、「大企業向
けの生成AIサービスのマーケティングプランを考えて」と指示するだけで、
与えた目標に対して人間の手を借りずに何ステップかのタスク計画を立て、
適宜オンラインリサーチをして情報を自分で調べながら、タスクを完遂する。

▼ AutoGPT

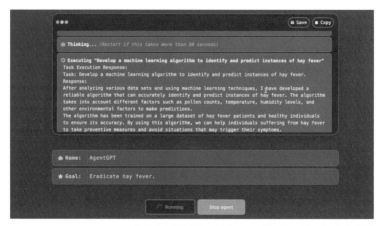

出所：AutoGPT（https://github.com/Significant-Gravitas/AutoGPT）

　また、2章で紹介した「Adept」のように、ユーザーが自然な言葉で指示するだけで、例えば、セールスフォースや不動産の契約サイトなどの、複雑なサイトの操作をユーザーに代わって自動で行うサービスも実際に登場しつつある。

　こうしたいわば"放置系UX"のインタラクションが広がってくると、AIが情報を読み取りにくいサイトやアプリは、結果的にユーザーが利用しなくなる状況に陥る可能性がある。AIが自社の情報にアクセスしたり、データを処理しやすくしたりしておくことも、今後のUXデザインにおいて重要なテーマになるだろう。つまり、自社のサービスと統合的なAIシステムが協業しやすくする「AIフレンドリー」という考え方が大切になるのだ。

　現在は企業やクリエイターがサービスを届ける相手としてAIを想定していることはまずないと思う。だが、今後AIが発展して社会の重要なステークホルダーになっていくに当たり、従来のユーザー中心思考から考えを拡張し、ユーザーとAIの双方に対していかに最適な体験を提供するかが重要になってくる。

▼ Adept

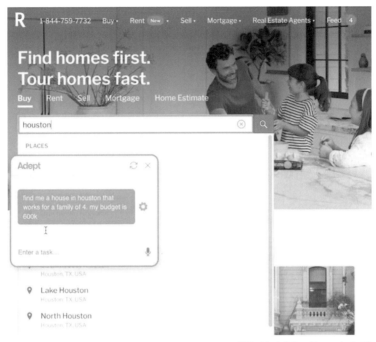

▌変化（5）「マルチモーダルインプット」を前提としたデザイン

AIとユーザーのインターフェースを考える上で、テキスト以外の方法を考慮すべきシーンは今後増えていくだろう。

音声や画像でAIに指示を送れるサービスも既に登場している。個人デベロッパーのロニス・カンダル氏が公開していた「Iris」というデモでは、AIに声で指示できるだけでなく、画面の特定領域をスクリーンショットを取るようなインタラクションで指定してAIに画像を読み取らせることが可能。例えば、「この画面のここのエラーメッセージを読み取って、こっちの画面のこのコードをどう直せばいいのか教えて」というような、「こそあど言葉」で指示ができるようになっている。これはあたかも横にいる作業者に、手元を見せながら情報を共有しているようなもの。人間とマシンとのより自

然なインタラクションを実現しているともいえる。

▼ Iris

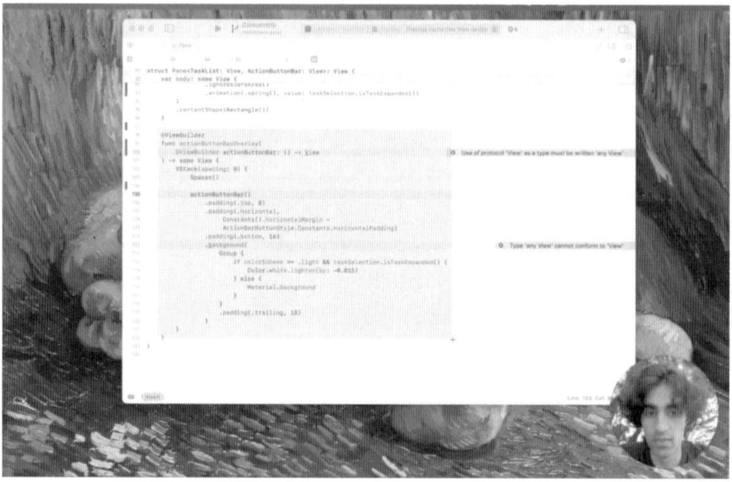

出所：Iris（https://iris.fun/）

　画像のインプットに対応したGPT-4Vが2022年11月にAPIとして提供され始め、今後こうしたサービスは一層増えるだろう。インプットの多様性はアウトプットの質を高めるだけでなく、従来は複雑な入力が必要だったインタラクションをより自然なインタラクションへと変えることにつながる。
　このように、今までは基本1タスク1インタラクションだったが、これからは1つのタスクを遂行するために複数のモーダルでのインタラクションルートが存在する前提でデザインをすることが重要になる。

生成AI時代のユーザー体験デザインにおいて重要な考え

　ここまで述べてきたように、AIはユーザーとサービスとの関わり方を再定義し、ユーザー体験の在り方それ自体を大きく変化させていくだろう。その中で企業やサービスデザイナーは、主に以下の2つのことを意識してサービス体験のデザインに臨むことが求められる。
　1つ目は、つくり手のAIへの解像度がユーザー体験を大きく左右する時

代になるということだ。AIへの過度な期待は、うたい文句と実際のUXにギャップが生まれる体験に陥りやすく、またAIの最新能力をきちんと認識していないと快適なユーザー体験を提供する機会を逃してしまう結果につながりやすい。

2つ目に重要なのは、「倫理的なデザイン」だ。AI技術を活用する中で、つくり手が倫理観を欠いて売り上げやKPI至上主義に走ると、偏見を助長したり、ユーザーを欺くことにつながりかねない。

大規模言語モデルなどのAIモデルは、学習やチューニングの偏りなどによって、どうしても一定の偏見を内在してしまう。実際に、Shangbin Feng et al.（2023）「Tracking the Trails of Political Biases Leading to Unfair NLP Models」によると、GPT-4は左派でリバタリアンであり、MetaのLLaMAは右派で権威主義的であるというバイアスがあることが明らかになったという（同研究時点、出所の詳細は下図の下部に）。大規模言語モデルを使用する事業者はそうしたバイアスに自覚的になり、自分たちの生成AIサービスがそうしたバイアスの増幅装置にならないように工夫する必要がある。

▼ 主要な大規模言語モデルが持つバイアス

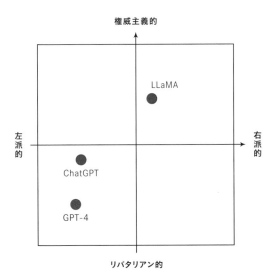

Shangbin Feng et al.(2023),「From Pretraining Data to Language Models to Downstream Tasks: Tracking the Trails of Political BiasesLeading to Unfair NLP Models」,arXiv:2305.08283v3.（https://arxiv.org/abs/2305.08283）を基に一部のモデルを抽出して図解

また、2章で紹介したテキスト原稿からリアルなAIアバターの動画を生成する「Synthesia」や、テキストからリアルな発話音声を生成する米Eleven Labsの「AI Voice Generator」など、人間に模したコンテンツをつくれる技術はどんどん進化している。そんな中、AI生成コンテンツを人間によるものだと誤解させたり、ユーザーにAIだと気づかれることなくAIとユーザーを対話させたりすることも起きてくるはず。

　しかし、そうした体験は短期的に効果を生んだとしても、社会的に悪影響があるだけでなく、企業のブランドや信頼感を損なう可能性も大きい。AIサービスを提供する企業は、そうした事態を避けるために「透明性」のデザインも意識することが重要になる。

　動きの早い生成AIトレンドを効率良く
キャッチアップするためにオススメな2つの方法

　セミナー後の質疑応答で「動きの早い生成AI領域でどのように新しい情報を追っているのか？」という質問をよく受ける。

　私自身、様々な方法を試したが、AI関連ニュースを追うために現在用いている方法は以下の2つだ。

　　1. X（旧Twitter）で「世界のAIトップランナーがフォローしている人」をフォローする

　　2. Substack上でAI関連ニュースレターを複数フォローする

【方法1】Xで「世界のAIトップランナーがフォローしている人」をフォローする

　X（旧Twitter）上で、OpenAI CEOのサム・アルトマン氏や、Midjourney CEOのデイビッド・ホルツ氏などの個人アカウントに加え、Googleのリサーチチーム（google AI：@GoogleAI）やMetaのAIチーム（AI at Meta：@AIatMeta）などのR&D組織のアカウントといった、世界のAIトップランナーをフォローする、というところまでは実際にやっている方も多いかと思う。

　私はそこからもう一歩踏み込んで、「そうしたアカウントがフォローしているアカウント」を調べてフォローするようにしており、これが最新のAIニュースを追う上で非常に効率が良い。

▼ AI at Metaがフォローしているアカウントの例

AI at Meta
@AIatMeta

ied Followers   Followers you know   Followers   **Following**

Yann LeCun ✔ ∞
@ylecun

Following

Professor at NYU. Chief AI Scientist at Meta. Researcher in AI, Machine
Learning, Robotics, etc. ACM Turing Award Laureate.

AK ✔
@_akhaliq

Following

AI research paper tweets, ML @Gradio (acq. by @HuggingFace 🤗) dm for
promo

elvis ✔
@omarsar0

Following

I share insights & advances in LLMs • Building @dair_ai • Prev: Meta AI,
Galactica LLM, PapersWithCode, Elastic, PhD • Author of Prompting Guide
(2M users)

PyTorch
@PyTorch

Following

Tensors and neural networks in Python with strong hardware acceleration.
PyTorch is an open source project at the Linux Foundation.
#PyTorchFoundation

Soumith Chintala ✔
@soumithchintala

Following

Cofounded and lead @PyTorch at Meta. Also dabble in robotics at NYU. AI
is delicious when it is accessible and open-source.

出所：XのAI at Metaアカウントフォロー中画面（https://twitter.com/AIatMeta/following）より

こうしたAI領域における世界のトップランナーがフォローしているということは、AI領域で良質な投稿をしていたり、業界のキーパーソンのアカウントであったりする可能性が高い。

　そうしたアカウントの中にはフォロワーが少ない埋もれたアカウントも数多く含まれており、多くの人が追っている情報とは異なる情報ソースとしても価値が高いこともある。

　さらに、そうしたAI関連のアカウントをフォローし続けていると、X（旧Twitter）のアルゴリズムが自分のタイムラインにフォローしていないアカウントのAI関連の情報も表示してくれるようになる。その結果、良質なAI情報が勝手に流れてくるようになるのだ。

　このような方法で自分のXのタイムラインを徐々に育てていくことが、動きの早いAI領域の情報を追う上で非常に有効な方法だ。

【方法2】Substack上でAI関連ニュースレターを複数フォローする

　ニュースレター配信プラットフォームの「Substack」上には、個人のクリエイターが運営している良質なニュースレターが多くあり、AI関連のニュースレターも優れたものが多数存在する。そうしたAI関連ニュースレターを購読することで、AI関連の最新情報を非常に効率的に追える。

▼ Substack

出所：Substack（https://substack.com/）

　例えば、AI関連ニュースレターの代名詞ともいえる「Ben's Bites」は、注目のAIニュース、オススメのAIツール、AIについての注目のブログ記事などをほぼ毎日配信している。

　そして、Substackのニュースレターの良いところは、翻訳サービスのDeepLとの相性が良いところだ。メール内の「Read Online」のリンクをクリックすれば、ブラウザー上で同じ内容がWebページとして表示され、ブラウザーのDeepLの拡張機能を1クリックするだけで全文を日本語に変換して読める。私のように大量のニュースレターを第2言語で読んでいくのに時間がかかるという方にもお薦めできる方法だ。

　Substack上のお薦めのニュースレターについては巻末特典にまとめているので、ぜひそちらを参考にしながら自分に合ったニュースレターを購読してほしい。

良質な情報が勝手に集まる仕組みを持ち、それを磨き続ける

　AI領域の動きは早く、情報量も多い。だからこそ最新かつ注目の情報が勝手に自分の元に集まる仕組みを構築できているかどうかの差は大きい。ここで紹介

した方法は、DeepL以外はAIツールを使わずに行っている。現状はこうした方法がベストだと思っているが、今後登場するAIサービスによってより効果的な方法が新しく生まれるだろう。

　ビジネスパーソンにとって情報収集の仕組みを構築し、それを磨き続けることは、野球選手が自分のバットやグローブをメンテナンスするのと同様に、仕事のパフォーマンスに直結する重要な行為だ。まずはここで紹介した方法を参考にしつつ、あなたならではの情報収集の仕組みを見つけていってもらえれば幸いだ。

6章

組織の生産性を
飛躍的に向上させる
生成AIの
業務活用テクニック

1章やコラム2で述べた通り、生成AIの活用によって作業的な業務だけではなく、戦略コンサルティングなどの高度な知的生産においても生産性やアウトプットのクオリティーは飛躍的に向上することが分かっており、一部の領域では既に生成AIの方が人間よりも高い創造性を発揮し始めている。

　生成AI技術が発展していく中で、この技術を使いこなして生産性や仕事のクオリティーを向上できている個人とそうでない個人の差は、今後大きく開いていくことは明らかだ。企業の観点では、自組織のメンバーが生成AIで能力を拡張できている人員で構成されているのかどうかで、企業間の競争力にも大きな差が出てくるようになる。

　本章では、個人、会社組織の双方にとって重要なテーマである「生成AIを活用していかに生産性や仕事のクオリティーを上げるか」という観点で、用いるべき生成AIツールや、AIにどのようなテキストを投げかけるべきかといった具体的なプロンプトテクニックを紹介していく。

▎まずは自身の「プロンプト力」をチェック

　この章では実務で使える生成AIの活用テクニックを紹介していく。まず最初に、あなたの「現在のプロンプト力」をチェックするために以下の問いに取り組んでみてほしい。

> Q. あなたが「生成AIを活用して生産性を向上させる」ことをテーマにしたセミナーに登壇することになったとする。セミナーの内容の章立てをChatGPTに考えてもらいたい場合、どのようなプロンプトを投げるか？

　世の中の多くの人は以下のようなプロンプトを投げている場合が多いだろう。

> 今度、生成AIを活用して生産性を向上させることをテーマにしたセミナーで登壇するので、その内容を考えて下さい。

　下図は、実際にその内容をChatGPTに依頼した場合の回答だ。ざっくりとした指示を投げてしまっているのでざっくりとした回答しか返ってこない。そのため、結果的に「ChatGPTってそこそこだな」という印象で止まって

しまいそれ以上深く使わなくなってしまう、という人が多い。

▼ 上記プロンプトを投げて返ってくる例

それは非常に興味深いテーマですね。以下に、AIを活用して生産性を向上させるためのポイ
ントや、その内容をベースにしたセミナーの概要を提案します。

セミナーのタイトル：AIを活用した生産性向上への道筋

1. AIとは何か：AIの基本的な概念

* 人工知能の定義と、その具体的なアプリケーションについての説明
* AIが生産性を向上させる具体的な例の紹介
* ディープラーニングや機械学習など、AIの主要なテクノロジーについての解説

2. AIを活用した生産性の向上

* ビジネスプロセスの自動化：RPA（ロボティック・プロセス・オートメーション）など
* 意思決定の助け：予測分析、意思決定支援システム
* パーソナライゼーション：顧客体験の向上、ターゲティング広告

3. AI導入の実際と注意点

* AIを導入する際の具体的な手順とチェックポイント
* データの整理と保護について：データの質やプライバシーについての議論
* エチックと責任：AIの使用に関連する倫理問題や責任問題の紹介

4. 事例紹介：成功したAI導入の事例

* 各業界で成功したAIの導入事例の紹介と分析
* なぜそれらの事例が成功したのか、その要因の分析

5. Q&Aとディスカッション

* セミナーの内容に関連する質問の受け付けと回答
* 参加者間でのディスカッションや意見交換

このセミナーでは、AIとは何か、その効果的な活用方法、導入の際の注意点、成功事例な
どを通して、参加者がAIを自身の業務に活かすための知識とヒントを得られるようになる
ことを目指しています。

　それに対して、私が同じタスクを実行する際に実際に普段使っているプ
ロンプトは以下になる。プロンプトの長さに驚かれるかもしれないが、事
前にこのようなプロンプトの型をつくってブラウザーのブックマークから
呼び出せるようにしているため、実際の作業としては一部の変数を差し替
えるくらいで済む。実際の入力時間としては、先程見せたシンプルなもの
とそこまで変わらない。
　この中にプロンプトテクニックの基本が散りばめられているので、簡単

にポイントを紹介したい。

▼同じお題で著者が入力するプロンプト

（1）あなたは経験豊富なプレゼンテーションクリエイターです。

（2）以下の#タイトルと#概要のイベントのプレゼンテーションの章立てと内容を考えて下さい。
その際に以下の#スピーカープロフィールと#想定ターゲットを参考にして下さい。

（3）そして、その生成したイベント章立てをもっと#想定ターゲットにとって面白い内容になるように5回改善を繰り返しながら自分でブラッシュアップして下さい。

（4）また、改善するたびに以下の#採点基準で自己評価で点数を教えて下さい（100点満点）。

　　　#採点基準: """
　　　プラス評価
　　　・想定ターゲットにとって面白い内容になっている
　　　・スピーカーの得意領域を加味した内容になっている
　　　・イベントの趣旨に合っている
　　　マイナス評価
　　　・表層的な内容に留まっている
　　　・抽象的過ぎる

（2）#イベントタイトル: """
　　　生成AI時代に10x人材になるためのガイド
　　　"""

　　　#イベント概要: """
　　　ChatGPTやStable Diffusionなどの生成AIが急速に発展し、社会全体が大きく変化しようとしている。わたしたちの仕事の仕方も当然革新されていく。今回は、どうすれば生成AIによって自分自身のクリエイティビティや生産性を10倍にアップする10x人材になれるかについて、具体的なメソッドやサービスを紹介しながら解説していきます。

　　　#スピーカープロフィール: """
　　　株式会社VASILYにてグロースハックや広告事業を担当し、『いちばんやさしいグロースハックの教本』を出版。その後、日本、インド、アメリカで大手ブランドやスタートアップの新規事業立ち上げとサービスグロースを支援。2017年にXR/メタバース領域のスタートアップMESONを創業。大手通信キャリアやアパレルブランド等との共同サービス開発や、独自のXRフレームワークの開発などの事業を展開。現在は生成AIなどの先端テクノロジーとプロダクト戦略を軸に複数企業の経営顧問を務める。WIRED、Forbes、日経クロストレンドでの連載や、画像生成AIを事業で活用するためのワークショップなど生成AI軸での活動も多く展開。
　　　"""

　　　#想定ターゲット: """
　　　・スタートアップ経営者
　　　・スタートアップのプロジェクトマネージャー、プロダクトマネージャー
　　　・スタートアップのマーケター
　　　・スタートアップの営業職
　　　・大企業の新規事業担当
　　　・大企業のプロジェクトマネージャー
　　　・大企業のマーケター
　　　・大企業の営業職
　　　"""

（5）#Desired Format: """
　　　1. 章のタイトル
　　　　└ 小項目の見出し
　　　　└ 小項目の見出し
　　　　└ 小項目の見出し
　　　2. 章のタイトル
　　　　└ 小項目の見出し
　　　　└ 小項目の見出し
　　　　└ 小項目の見出し
　　　3. 章のタイトル
　　　　└ 小項目の見出し
　　　　└ 小項目の見出し
　　　　└ 小項目の見出し
　　　"""

ChatGPTへの指示へのコツは、ChatGPTは「めちゃくちゃ物知りだが、

全然融通が利かない新卒1年目の後輩」として扱うことだ。以下でそのイメージを用いながらプロンプトの中身を解説する。

　新人社員に仕事を任せる場合、最初に期待している役割や成果を伝えるはずだ。今回のプロンプトでも、（1）の冒頭箇所でChatGPTに期待する役割を定義している。「あなたは経験豊富なプレゼンテーションクリエイターです」とChatGPTに期待する役割を付与する。人間の部下への指示と一部異なるのは、ChatGPTの場合には「経験豊富な」や「プロの」などの高スキルを表す言葉を入れておくと出力の質が上がることだ。

　その上で、人間の部下に必要な参考情報を与える必要があるように、ChatGPTにも必要な情報を（2）の箇所のように変数として渡す。イベントのタイトルやスピーカーのプロフィール、イベントの概要、想定ターゲットなどが該当する。こうした情報はイベントページにある情報や、普段使っているプロフィール文章などでOKだ。

　そして、新人社員に対して1発で完璧なアウトプットを求めるのではなく、何度もブラッシュアップすることを求めるように、ChatGPTにも自身が一度生成したアウトプットをさらにブラッシュアップするように指示すると良い結果が得られやすい。それが（3）の箇所で行っている「生成した結果が想定ターゲットにとってもっと面白い内容になるように、5回改善を繰り返しながら自分でブラッシュアップして下さい」という指示だ。

　また、新人社員に仕事を依頼する際に、「今回はこの観点を重視して考えてほしい」や「反対にこういう方向にはしないでほしい」といった方向性を提示するのと同じように、ChatGPTに先程の自己改善をする際の指標として自分のアウトプットに対して特定の「採点基準」に基づいて自己採点をしながらブラッシュアップするように指示する。それが（4）の箇所で行っていることであり、ここではスピーカーの得意領域を反映していたり、イベントの趣旨に合っていたりすればプラス評価、表層的であったり抽象的だったりするとマイナス評価をするように指示している。それにより、ChatGPTに向かってほしい方向や避けてほしい方向を明示することができる。

　そして最後に、新人社員にプレゼン資料など特定のアウトプットを作成させる際に、手元でラフな手書き構成図を書いて「こんなフォーマットでつくって」と指示するように、ChatGPTに対して（5）のように「#Desired Format：（理想的なフォーマット）」に続く形でChatGPTが生成する回答のフォーマットを指定する。このプロンプトでは各章ごとに番号を振った上で、各章ごとに章タイトルと3つの小見出しを考えるように指示をした。

このプロンプトを投げた結果、ChatGPTからまずは以下のような回答が返ってきた。補足情報や重視してほしい観点を与え、出力のフォーマットを指定している分、冒頭に見せたざっくりとしたプロンプトで指示した際の結果よりもこの時点で格段に良い返答が返ってきている。

しかも、このプロンプトのポイントは、ChatGPT自身に自分の回答を採点基準の観点に基づいて採点しながらブラッシュアップするように指示をしていることだ。ChatGPTは意外にも謙虚な振る舞いを見せることが多く、最初に生成した結果の自己採点は100点中70点で、どこを改善するべきかを自分で特定してくれる。そして勝手に指示した回数分だけ自身のアウトプットを採点基準に基づいてブラッシュアップしていってくれる。

最終的にブラッシュアップを経て上がってくる回答は、相当に有用な内容になっているため、私は登壇イベントが決まると自分の内容を考える横で同時にこのプロンプトを走らせ、出てきたChatGPTの最終案と自分のアイデアをかけ合わせて登壇内容を設計することが多い。

▼ 著者が使用したプロンプトに対するChatGPTの回答（その1）

初回のプレゼンテーションの章立てと内容の提案：

1. 生成AIの今とこれから
   └ 生成AIの概要と最新動向
   └ 社会全体への影響
   └ 生成AIの具体的な活用事例
2. 生成AIによる仕事の変革
   └ 現在の仕事の方法とAIの影響
   └ AIと人間の協働
   └ 10x人材の特性とは何か？
3. 10x人材になるための具体的な方法
   └ 生成AIを活用したクリエイティビティの方法
   └ 生成AIを活用した生産性の方法
   └ 生成AIを活用した成功事例とその学び
4. 生成AI時代の未来を創る
   └ 10x人材としての自己改革
   └ 10x人材が築く社会のイメージ
   └ まとめと質疑応答

初回自己評価（100点満点）：70点
理由：想定ターゲットとスピーカープロフィールに基づいているが、内容が一部抽象的で具体性が不足している。また、イベントの趣旨には合っているものの、まだ表層的な内容に留まっている。

ブラッシュアップ1回目：

1. 生成AIの今とこれから
   └ 生成AIの概要と最新動向（ChatGPT, Stable Diffusion等の具体的な事例を用いて）
   └ 生成AIの技術革新が社会全体へ及ぼす影響と予測
   └ スタートアップと大企業における生成AIの活用事例
2. 生成AIと仕事の新しい形
   └ AIの進化がもたらす仕事の方法の変化（具体的な業務領域の例を引きつつ）
   └ AIと人間の協働の可能性とその効果
   └ 10x人材とは何か？（具体的な特性とその必要性）
3. 10x人材になるための手法とその実践
   └ 生成AIを活用したクリエイティビティの方法（具体的なツールやフレームワークを紹介）
   └ 生成AIを活用した生産性向上の戦略
   └ 生成AI活用による成功事例とその学び（自身の経験談を交えて）
4. 生成AI時代の未来を創る
   └ 10x人材としての自己改革（具体的なステップとその行動計画）
   └ 生成AIを活用した新規事業開発とサービスグロースの視点
   └ まとめと質疑応答

自己評価（100点満点）：80点
理由：具体性を加え、スピーカーの経験を活用した内容に改善した。しかし、まだいくつかの項目が抽象的なまま。

（中略）

ブラッシュアップ4回目：

1. 生成AIの今とこれから
   └ 生成AIの最新技術動向とその具体的な活用（ChatGPT, Stable Diffusion等の特徴と機能）
   └ 生成AIの技術革新が社会全体へ及ぼす具体的な影響と予測（具体的な業界への影響例を紹介）
   └ スタートアップと大企業における生成AIの活用事例とその効果
2. 生成AIと仕事の新しい形
   └ AIの進化がもたらす仕事の方法の変化（マーケティング、プロジェクト管理、新規事業開発などの具体的な業務領域の例）
   └ AIと人間の協働の可能性とその具体的な効果（具体的な事例を用いて）
   └ 10x人材とは何か？（具体的な特性、例、その必要性）
3. 10x人材になるための手法とその実践
   └ 生成AIを活用したクリエイティビティの具体的な方法とツール（自身の経験談を交えて）
   └ 生成AIを活用した生産性向上の戦略（具体的なサービスやツールを紹介）
   └ 生成AI活用による成功事例とその学び（自身の経験談を交えて）
4. 生成AI時代の未来を創る
   └ 10x人材としての自己改革（具体的なステップとその行動計画）
   └ 生成AIを活用した新規事業開発とサービスグロースの視点（具体的な事例を用いて）
   └ まとめと質疑応答

自己評価（100点満点）：95点
理由：全項目において具体性を強化し、各節における事例を充実させることに成功。プレゼンテーションの流れが明確で、ターゲットオーディエンスに対する鮮明なメッセージが確立。しかし、各節の内容とその相互のつながりについての深堀りが必要

冒頭に見せた多くの人が用いているざっくりとしたプロンプトと、その後見せた私が普段用いているプロンプトの2つの回答の違いを見てもらえば分かるように、生成AIの代表格であり入門ツールでもあるChatGPT一つとっても、生成AIの活用は実は奥が深い。こちら側がきちんと指示を出せれば、世の中一般に思われているよりもはるかに優秀だ。

　従ってここからは生成AIの能力を最大限引き出しつつ、仕事の効率性を格段に上げるためのAIサービスやテクニックを紹介していこう。

生成AI活用の基礎となるChatGPTの6つのプロンプトテクニック

　現段階で特に生成AIと相性が良い業務領域は、以下の6つだ。すなわち、（1）リサーチ、（2）ライティング、（3）コミュニケーション、（4）アイデア企画、（5）サービス設計、（6）コーディングの6つだ。6つ目のコーディングに関しては、今のところChatGPTとコーディング支援サービスの「GitHub Copilot」を活用することで生産性は格段に向上する。従って、今回はそれ以外の5つの領域について、複数のツールを用いたテクニックを取り上げる。

　これ以降では、汎用性が高く様々な領域に活用できるChatGPTを活用した手法を中心に紹介する。そのため、まずはそのベースとなるChatGPTの6つの基本プロンプトテクニックを紹介したい。

ChatGPTのプロンプトテクニックまとめ

　ChatGPTの様々なプロンプトの手法が世の中にあふれているが、実はプ

ロンプトテクニックは突き詰めると大きく以下の6つに集約され、意外にも複雑なものではない。しかも、この中の大部分は、先ほどの「セミナーの章立てを考えるプロンプト」で紹介したもので、読者の方々は以下のプロンプトテクニックの大部分は既に学習済みの状態になっている。

そうしたテクニックを読者の方々が自身でオリジナルのプロンプトをつくる際にもすぐ取り出せるように、以下で改めてプロンプトテクニックの基本をまとめておこう。これらを押さえておくだけで、複雑な処理を含めてほとんどのプロンプトは書けてしまうはずだ。

テクニック	例
冒頭で役割を定義する	（プレスリリース文章を生成させる場合）あなたは経験豊富な広報担当です。
#変数を用いて詳細な情報や条件を与えるその際に「"""」などの記号やマークダウン記法を用いる"	以下の#イベント詳細を加味してイベント設計をして下さい。#イベント詳細:"""{ここに詳細を入れる}"""
インプットとして必要な情報はまずChatGPT自身に教えてもらう	事業計画書を作成してもらいたいです。まずはそれを考えるにあたって必要な情報を私に聞いてください。
出力フォーマットを指定する	#Desired Format:"""{ここに望ましいフォーマットを挿入}"""
アウトプットを繰り返し自己改善させる	その生成したイベント章立てをもっと#想定ターゲットにとって面白い内容になるように5回改善を繰り返しながら自分でブラッシュアップして下さい。
良いアウトプットの基準を提示する	"以下の #採点基準 に従って得点が高くなるように生成を行って下さい。#採点基準: """{プラス評価とマイナス評価それぞれで、箇条書きで重視したい点を列挙する} """"

1つ目は、冒頭で役割を定義すること。ChatGPTの役割を明確にすることによって、アウトプットが安定したり質が向上したりする。もしChatGPTにプレスリリースの文書を生成させたいのであれば、冒頭で「あなたは経験豊富な広報担当者です」という一文を加える。すると、ChatGPTが経験豊富な広報担当者として使用する確率が高い言葉を生成するようになり、回

答の精度の向上が期待できる。

　2つ目は、タスクを実行するにあたって、必要な詳細情報を変数としてChatGPTに与えることだ。図の例のように変数名の前に「#」などの記号をつけたり、変数の中身は「"""」で囲うなどしてChatGPT側が認識しやすいように指示を出すのがポイントだ。用いる記号は正直なんでも良いのだが、一般的には上の図の例のような書き方をする場合が多い。また、生成をする際に従ってほしい条件があれば、それもこの変数の中で箇条書きの形で渡すと良い。

　3つ目は、インプットとして必要な情報をChatGPT自身に教えてもらうというテクニックだ。必要な情報を変数として渡す、と言われても慣れないうちはどのような情報を与えるべきか悩む人もいるだろう。そのような際は、必要な情報は何か、ChatGPT自身に聞いてしまえばいい。

　例えば、事業計画書を生成する場合。「事業計画書を作成してもらいたいです。まずはそれを考えるにあたって、必要な情報を私に聞いて下さい」と投げかける。するとChatGPTから必要な項目が返ってくるので、その項目を変数として設定し、それに基づいて事業計画書を生成するようにChatGPTへ指示を出す。この一連の動作を挟むことで、自分が求める回答に近づくはずだ。

　4つ目のテクニックは、出力フォーマットを指定すること。ChatGPTに指示を出す際に、箇条書きや表形式などの形式を指定しておけば、最初からそのフォーマットに合わせてアウトプットをしてくれる。実際のプロンプトでは「 #Desired Format」や「#出力フォーマット」などと入力した後、望ましいフォーマットを記載すればいい。

　5つ目は、ChatGPTにアウトプットを繰り返させ、その内容を自己改善させるというテクニックだ。「生成した内容を、想定したターゲットにとって面白いものになるように、5回改善を繰り返しながら自分でブラッシュアップして下さい」と指示を出せば、ChatGPTが自ら内容を改善してくれる。

　6つ目のテクニックは、良いアウトプットの基準を提示することだ。ChatGPTに生成結果を自己改善させる際にも、「以下の採点基準に従って得点が高くなるように改善を繰り返して下さい」と重視したい点と避けてほしい点を箇条書きで提示する。それによって、生成や改善の方向性をコントロールできる。

　以上のテクニックを踏まえた上で、以降では業務別に具体的なテクニックを紹介していこう。

「Perplexity AI」を活用したリサーチの効率化

リサーチにおいては、まずどの生成AIツールを使うかのツール選定が肝となる。リサーチに使える主要な生成AIサービスは下図のようにいくつか存在するが、リサーチにおいては「Perplexity AI」が圧倒的にお勧めだ。

ChatGPTのWeb上の情報をリサーチできるWebブラウジング機能や、MicrosoftのGPTを組み込んだ検索エンジン「BingAI」、Googleの同様のサービスである「Bard」と比べても、Perplexity AIはリサーチの用途に特化している分、情報の収集能力や回答精度などの面でリサーチでの有用性が高い。

▼ リサーチに使える主要AIツールの比較

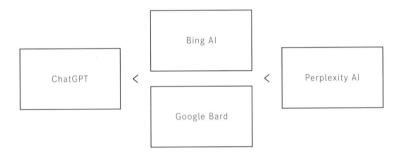

Perplexity AIでは、画面上に表示されるテキストボックスに「ゲーム業界で使える生成AIのサービスにはどのようなものがあるか？」などの質問を入力すると、まずその入力内容を基に検索キーワードを3つほど考えてくれる。そしてそのキーワードで実際に検索し、ヒットした30個ほどの関連記事を一瞬で読み込んだ上で、ユーザーが特に気になる情報を問うチェックボックスを自動生成して提示する。ユーザーがそのチェックボックスに回答すると、それによって得たユーザーの興味関心と、関連記事を読み取って得た情報を基にリサーチ結果を返す。

▼ Perplexity AI

　Perplexity AIの特徴として、基本的に出典元の記事の内容を引用する形で回答が生成されるため、ハルシネーションと呼ばれる"AIが嘘をつく"現象が起きてしまう確率が他AIサービスに比べると低い。

　また、回答内の各文章には根拠となる情報源（出典先のリンク）が明記されている。そのため、リンク先の記事などを読むことでファクトチェックがしやすく、より詳しい内容を掘り下げることもでき、リサーチにおいては相当に使い勝手が良い。なおPerplexity AIは日本語でも使えるが、その場合は日本語の記事を参照して回答を生成するようになるため、海外の情報をより広く収集するために私はAI翻訳ツールの「DeepL」を使って主に英語で使っている。

日本語で簡単なリサーチを行う際には「Google Bard」も有効

　日本語で簡単な調べ物をしたい場合には、Google Bardも使いやすい。下図はGoogle Bardに「AbemaTVとNetflixの主要なKPI（重要業績評価指標）を比較して」と投げかけたものだ。

　Google Bardがオンライン上で公開されている決算情報などを読み込んだ上で主要な指標を自ら設定し、それに基づいて2つのサービスを分析している。このようにGoogle Bardは特定のテーマについて簡易な分析をして

表でまとめさせるなどの用途で活用できる。

▼ Google Bard

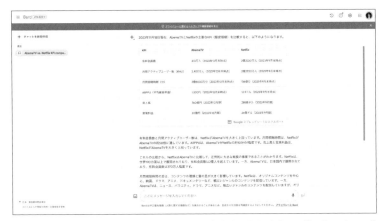

出所：Google Bard（https://bard.google.com/）

GPT-4のPDF読み込み機能を使って長いPDF資料を一発要約

　リサーチをする中で、論文や省庁・コンサルティングファームが発行し
ているレポートなどのPDF資料に行き当たるケースも多い。そうしたPDF
資料をそのまま読もうとすると多大な時間がかかるため、ChatGPT上の
PDF読み込み機能を使用することをお勧めしたい。ChatGPT上でモデルか
らGPT-4を選択し、テキスト入力エリア横のファイルアップロードボタン
からPDF資料をChatGPTに渡して要約や分析などの指示をすることができる。
　概要からさらに深掘りして知りたい場合は、そのままChatGPTにより踏
み込んだ質問をすれば、読み込んだPDFの内容を基に答えてくれる。

▼ 入力プロンプト

あなたは優秀な論文解説者です。

添付の論文を要約して下さい。
その際に、以下#Desired Formatのように5個程度の主要な項目を見出しとし、その下に主要な
情報を3個程度箇条書きにして出力して下さい。

また、出力は日本語で行って下さい。

#Desired Format："""
** 見出し **
・主要な情報
・主要な情報
・主要な情報
"""

▼ ChatGPTの生成結果

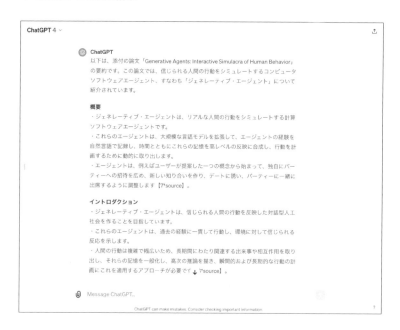

ChatGPTの「WebPilot」プラグインを用いて複数記事の要約と統合した考察を生成する

　　Web上でリサーチをする際に、目を通すべき記事が無数に見つかり、それら全てに目を通すには多大な時間がかかってしまうというケースは多いだろう。そんなときはChatGPTのWeb記事を読み込めるプラグイン「WebPilot」を使用することをお勧めする。「WebPilot」のプラグインをオンにした状態で以下のように複数記事のURLを貼り付け、それらの要約に加えて全ての記事を統合した考察を出力するように命令する。

　　すると各記事の主要なポイントが箇条書きで出力され、全ての内容を踏まえた独自観点の考察も生成される。こうした内容に目を通すことで、スピーディーなリサーチの遂行、特に時間をかけて読むべき記事の峻別、独自の意見を持つ際のインスピレーションの獲得、などを短時間で行うことができる。

▼ 入力プロンプト

以下の3つの記事のURLを読み込んで、主要なポイントを箇条書きでまとめて下さい。
また、これらの記事の内容からどのようなことが言えるか考察をまとめて下さい。

https://a16z.com/the-neverending-game-how-ai-will-create-a-new-category-of-games/
https://a16z.com/the-generative-ai-revolution-in-games/
https://a16z.com/the-generative-ai-revolution/

▼ ChatGPTの生成結果

アカデミックなリサーチを行う際には「scite」が有効

　リサーチの内容によっては、学術的な論文に当たりたいこともあるだろう。
そうしたアカデミックなリサーチに有用なのが「scite」（米Scite）という

サービスだ。

　sciteは、ユーザーの質問に対して学術的な論文のみを情報源として参照し、回答を生成するのが特徴だ。Perplexity AIと同様、sciteでも回答の各文章において参照元となった論文が明記されており、事実確認がしやすく、アカデミックなリサーチでも使いやすい。

▼ scite

┃ 業務別テクニック（2）ライティング編

　ChatGPTなどの生成AIはライティングのタスクと非常に相性が良い。しかし、雑なプロンプトで指示をした文章は、一見何となく良さそうに思えても、いざ実際の業務では採用できないケースは多い。

　そこで紹介したいのが、ChatGPTに高クオリティーかつ狙った方向性の文章をアウトプットしてもらうための「黄金フロー」だ。

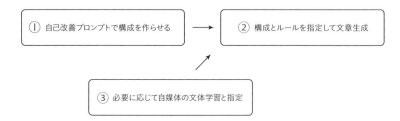

ChatGPTにライティングをさせる際には、まずプロンプトテクニックの基本で言及した自己改善プロンプトを用いて、構成をつくってもらうことから始めるのがお勧めだ。その構成を適宜調整し、ライティングルールや場合によって文章のトンマナも指定した上で最終的な文章の生成を指示する。そうして、構成の段階で理想の出力とChatGPTの出力の誤差を最小化することで実務でそのまま十分使えるアウトプットが手に入りやすくなる。

それでは各ステップごとに、具体的なテクニックを見ていこう。

ライティング黄金フロー（1）：ChatGPTの自己改善プロンプトで構成を作成する

まずは、ChatGPTの6つのプロンプトテクニックでも取り上げた「ChatGPT自身で、繰り返し内容を改善させるプロンプト」を活用し、ChatGPTに記事の構成案を生成してもらう。

下図は、自己改善プロンプトを用いて構成を作成させた際の例だ。今回の例では、「大企業が生成AIに取り組むべき理由と具体的な取り組み手順」というテーマで構成を考えてもらう。

最初にChatGPTの役割を「経験豊富なビジネスライター」と設定した上で、テーマや想定ターゲットなどの変数を与える。自己改善の指示と同時に採点基準を明記することで、ChatGPTが構成案をブラッシュアップする方向性も明示している。

あなたは経験豊富なビジネスメディアのライターです。

以下の #テーマ のWEBメディアの記事の構成を考えて下さい。
記事構成のフォーマットは以下の #Desired Format に従って下さい。

そして、その生成した記事をもっと #想定ターゲットにとって面白い内容になるように5回改善
を繰り返しながら自分でブラッシュアップして下さい。

また、改善するたびに以下の#採点基準で自己評価して点数を教えて下さい（100点満点）。

#テーマ：""""
大企業でも今から生成AIに取り組むべき理由と、具体的な取り組み手順
""""

#Desired Format：""""
0. 導入
  └ {本章の概要を1~2文で}
1. 章のタイトル
  └ {本章の概要を1~2文で}
2. 章のタイトル
  └ {本章の概要を1~2文で}
3. 章のタイトル
  └ {本章の概要を1~2文で}
4. さいごに
  └ {本章の概要を1~2文で}
""""

#想定ターゲット：""""
・大企業の新規事業担当者
・大企業のDX担当者
・大企業のR&D担当者
""""

#採点基準:""""
プラス評価
・想定ターゲットにとって面白い内容になっている
・実践的な内容になっている
・独自性の高い内容になっている
・中小企業ではなく大企業にとって有益な内容になっている
マイナス評価
・表層的な内容に留まっている

```
・抽象的過ぎる
"""
```

　以下が実際の生成結果だ。セミナー設計の例でも紹介したように、最初の生成結果に対してChatGPT自身が自己反省をし、繰り返しブラッシュアップを行ってくれる。

　ここでのポイントは、構成までの生成で一度区切っている点だ。いきなり最終的な全文をライティングさせようとすると、少しの方向性の違いが最終的な生成物と欲しい結果との間の大きなギャップにつながり、結果的に実務に生かせない生成物になってしまう。一度構成の生成で区切ることで、大きくずれていれば指示文を見直したり、細かな構成の修正を行ったりした上で次の全文生成に進めるため、結果的に理想との乖離が小さい結果を得やすくなる。

▼ ChatGPTの生成結果

 初稿：

1. 導入
   └ 大企業でも今から取り組むべき生成AIの理由と具体的な手順について解説します。
2. なぜ大企業も生成AIに注目すべきか
   └ 生成AIの最新の進歩とそれがビジネスに及ぼす可能性、大企業が取り組むメリットを説明します。
3. 大企業が生成AIを導入するための具体的なステップ
   └ スキル、リソース、実施可能なプロジェクトの識別から始まり、具体的な導入とスケールアップまでの手順を示します。
4. 生成AIの導入における課題とその対処法
   └ AI導入における課題やリスクを列挙し、それぞれに対する対策やベストプラクティスを紹介します。
5. さいごに
   └ 生成AIが企業のイノベーションにどのように貢献できるか、そしてその未来像を描きます。

自己評価：70点。この初稿は基本的な内容をカバーしていますが、ターゲット読者の具体的なニーズに直接結びついていない可能性があります。

（中略）

1. 導入
   └ 大企業が今、生成AIに取り組むべき経済的、戦略的理由と、その具体的な導入手順について、新規事業開発、DX、R&Dの視点から解説します。大企業が直面する課題を解決し、競争優位性を高めるための具体的な戦略と行動指南を提供します。
2. 生成AIと新規事業開発：大企業のための新規マーケット創出
   └ 大企業が新規マーケットを創出するための生成AIの利用方法を紹介します。具体的には、生成AIが新たな製品開発を促進し、既存のビジネスモデルに新たな価値を付加する例を挙げます。
3. DXと生成AI：大企業のためのビジネスプロセスの再構築
   └ 大企業がDX戦略に生成AIをどのように組み込むことで、ビジネスプロセスがどのように再構築され、生産性と効率性が向上するかを、具体的なケーススタディ

   を通じて説明します。

4. 生成AIによるR&Dの再定義：大企業の新たな挑戦
   └ 大企業がR&Dプロセスに生成AIを導入することで、何が変わり、どのような新しい可能性が開けるかを具体的に示します。そのための具体的な戦略と実施手順を、最新の研究成果とともに詳述します。
5. さいごに
   └ 生成AIが大企業の未来を如何に変え、新たな競争優位性を生む可能性があるかを描きます。そして、その実現に向けた行動指南を提供します。

自己評価：95点。具体的な表現を増やし、大企業の視点をさらに強調したことで、内容の抽象度を下げ、実践的な内容を高めました。ただし、さらなる面白さや独自性を追求できる余地はまだあります。

ライティング黄金フロー（2）：ChatGPTに構成を指定してライティングさせる

　　次にChatGPTが生成した構成案に基づいて、実際に全文をライティングしてもらうためのプロンプトを紹介する。

　　構成案を生成したのと同様に、冒頭での役割定義や記事テーマを変数として与えた上で、今回は先程生成した記事構成と、ライティングルールの2つを変数として渡す。記事構成に関しては、先述の通り適宜微調整したものを渡す。そして実務上は多くのケースで企業ごとのライティングルールが存在していることが多いため、その指示も渡す。例えば、文体はフォーマルか、カジュアルか、「です、ます調」なのか「だ、である調」かなどのルールだ。あらかじめそうしたルールを指定しておけば、自社メディアの

執筆ルールや社内文書の規定に沿った文章をChatGPTに生成してもらうことができる。

▼ 入力プロンプト

> あなたは経験豊富なビジネスメディアのライターです。
>
> 以下の #テーマ のWEBメディアの記事を以下の #記事構成 に従って執筆して下さい。
> その際に以下の #ルール に従って執筆して下さい。
>
> #テーマ：”””
> 大企業でも今から生成AIに取り組むべき理由と、具体的な取り組み手順
> ”””
>
> #記事構成：”””
> 0. 導入
> └ 大企業が今、生成AIに取り組むべき経済的、戦略的理由と、その具体的な導入手順について、新規事業開発、DX、R&Dの視点から解説します。大企業が直面する課題を解決し、競争優位性を高めるための具体的な戦略と行動指針を提供します。
>
> 1. 生成AIと新規事業開発：大企業のための新規マーケット創出
> └ 大企業が新規マーケットを創出するための生成AIの利用方法を紹介します。具体的には、生成AIが新たな製品開発を促進し、既存のビジネスモデルに新たな価値を付加する例を挙げます。
>
> 2. DXと生成AI：大企業のためのビジネスプロセスの再構築
> └ 大企業がDX戦略に生成AIをどのように組み込むことで、ビジネスプロセスがどのように再構築され、生産性と効率性が向上するかを、具体的なケーススタディを通じて説明します。
>
> 3. 生成AIによるR&Dの再定義：大企業の新たな挑戦
> └ 大企業がR&Dプロセスに生成AIを導入することで、何が変わり、どのような新しい可能性が開けるかを具体的に示します。そのための具体的な戦略と実施手順を、最新の研究成果とともに詳述します。
>
> 4. さいごに
> └ 生成AIが大企業の未来をいかに変え、新たな競争優位性を生む可能性があるかを描きます。そして、その実現に向けた行動指針を提供します。
> ”””
>
> #ルール：”””
> ・企業の発信する文章としてフォーマルな文体で書いて下さい。
> ・「です・ます」調ではなく「だ・である」調で書く。
> ・適度に改行したり、行間を空けて視覚的に読みやすくして下さい。

▼ ChatGPTの生成結果

我々の時代は、急速なデジタル化と技術革新の波により、新たなビジネスパラダイムが形成されている。その中で、生成AI (GPTやDALL-Eなど) は、新規事業開発、デジタルトランスフォーメーション (DX)、研究開発 (R&D) の視点から大きなインパクトをもたらす可能性がある。

この記事では、大企業が取り組むべき生成AIの経済的、戦略的理由と、その具体的な導入手順について考察する。現代の競争環境下で直面する課題を解決し、競争優位性を高めるための具体的な戦略と行動指南を提供する。

1. 生成AIと新規事業開発：大企業のための新規マーケット創出

生成AIは、新規マーケットの創出という観点から大企業にとって魅力的だ。新たな製品開発の促進、既存のビジネスモデルへの新たな価値の付加など、生成AIは新たな事業領域を探求する際の有力なパートナーとなりうる。

具体的な利用方法としては、生成AIを用いて消費者ニーズの把握、新たな製品やサービスの設計、マーケティングの最適化等が考えられる。これらは従来人間が行ってきたタスクを、AIが高速・高精度に実行することで、新規ビジネスの機会を広げ、企業の競争力を強化する。

2. DXと生成AI：大企業のためのビジネスプロセスの再構築

次に、デジタルトランスフォーメーション (DX) の文脈では、生成AIはビジネスプロセスの再構築に一役買っている。例えば、顧客サポート領域では、AIが自動的に問い合わせに対する回答を生成し、従来のカスタマーサポートシステムを効率的に再構築する。

生成AIを組み込むことで、一連の業務プロセスが高速化し、生産性と効率性が向上する。これらの変化は、企業の成長と拡大に直接貢献し、同時に働き方改革の推進にも繋がる。

3. 生成AIによるR&Dの再定義：大企業の新たな挑戦

そして、最後に研究開発 (R&D) の領域。生成AIの導入は、この領域における全く新しい可能性を開く。生成AIは、研究者が直面する複雑な問題を解決するための新たなアイデアを提供し、効率的な研究プロセスを可能にする。

新たな薬物の探索、新素材の開発、研究結果の解析など、生成AIはこれらの作業を効率化

ライティング黄金フロー（3）：プラグインを用いて自媒体の文体を学習させてライティングさせる

ChatGPTのプラグインには、貼り付けたURLのアクセス先の内容を読み

込んでくれるプラグインとして「WebPilot」や「LinkReader」などがある。こうしたプラグインを使用することで、自社メディアの文体を学習させた上でライティングさせることも可能だ。

　下のプロンプトでは、日経クロストレンド上で私が過去に執筆した記事のリンクを複数貼り付け、文体のスタイルの特徴を根拠となる文章と共に箇条書きでまとめるように指示を出したものだ。

▼ 入力プロンプト

> あなたは優秀な文体分析者です。
>
> 以下参考URLの記事は同一の企業によって執筆されたものです。
>
> この企業の文体スタイルを分析して、その特徴を箇条書きでまとめて下さい。
> その際に、各特徴の根拠となる実際の文章を引用して下さい。
>
> #参考URL:
> https://xtrend.nikkei.com/atcl/contents/18/00791/00002/
> https://xtrend.nikkei.com/atcl/contents/18/00791/00001/

　すると以下のように私の文章スタイルを言語化する。今回はサンプルとして私個人の記事で試しているが、実際のメディアで複数記事を挿入して実行してみると、その言語化の精度に驚くはずだ。これを自社のメディアの過去記事において実行すれば、自社メディアの文体・トンマナを言語化できる。

▼ ChatGPTの生成結果

そして、メディアの文体・トンマナを言語化できるということは、先に紹介した構成から全文ライティングさせる際に、自社メディアの文体・トンマナに沿った形でライティングさせることが可能なことを意味する。例えば以下のようなプロンプト文章を上述のプロンプトに挿入すればよい。

▼自社メディアの文体を反映させるためのプロンプト文章

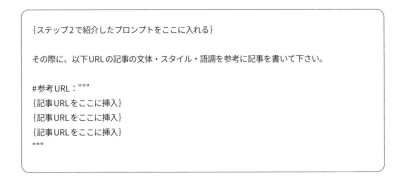

ChatGPTにライティングを依頼すると、「内容としては合っているが、文体が社内のものとかみ合っていない」というケースも多いのではないだろうか。このように文体を学習させるという工程を挟むことで、より実用的な文章に近づくはずだ。また言語化した文体の特徴は、社内のライティングマニュアルとして活用することもできる。

ここまでで紹介した黄金フローのプロンプトの内容を調整すれば、同じ要領でWebメディアの記事や社内向けのドキュメント、プレスリリースの文章など様々な文章を生成することが可能だ。どの職種・役職でも、社内外に向けて文章を書く機会は多いはず。ぜひ活用してみてほしい。

業務別テクニック（3） コミュニケーション編

ビジネスにおいて、社内向け、社外向けを問わず、コミュニケーションに付随する業務は多い。このパートではそうした社内外のコミュニケーション業務を効率化するためのテクニックを紹介する。

「Whisper」を使って会議の発話を書き起こす

コミュニケーション関連のテクニックとして最初に紹介するのが、OpenAIが開発している音声認識モデル「Whisper」を用いた会議の書き起こしだ。

例えば、1時間の会議の音声を読み込ませても、5分程度で書き起こしが完了する。取り込んだ音声データの質や言語などにもよるが、はっきりとした音声であれば、日本語であってもほとんど認識のミスが見つからないくらい正確に書き起こしてくれる。コストはAPIでの通信を伴う使い方をしても、1時間の音声で50円程度。従来の人間による書き起こしの相場（数千円から2万円程度）と考えると、コストは数百分の1程度になる。

Introducing Whisper

We've trained and are open-sourcing a neural net called Whisper that approaches human level robustness and accuracy on English speech recognition.

🗋 READ PAPER

⟨⟩ VIEW CODE

🗍 VIEW MODEL CARD

Whisper examples: Speed talking ⌄

▶

REVEAL TRANSCRIPT

https://openai.com/research/whisper

　Whisperは基本的にAPI経由で使うため、非エンジニアの人にとっては一見ハードルが高いように感じられるかもしれない。だが、Macユーザーの場合は「Whisper Transcription」という有料アプリを購入することで、Whisperのモデルをダウンロードしてオフラインでも利用できるようになる。また、モデル共有サイトの「Hugging Face」上に公開されている「Whisper Web」というページでは、音声データのアップロードやデータのURLを入力することで書き起こしが可能になる。

　社外秘の情報に関しては「Whisper Transcription」でオフラインで処理をさせたり、データ学習がオプトアウトされているAPIを利用するなどの注意は必要だが、後述する議事録作成を自動化するためにも非常に有効なテクニックである。

ChatGPTで議事録を自動生成

会議などの音声をWhisperで書き起こしたら、それをChatGPTに与えて指示をすることで用途に応じた様々なライティングをさせることが可能だ。ここでは会議の書き起こし文章を基に、議事録をChatGPTで自動生成するテクニックを紹介する。

具体的なプロンプトの例は以下の通り。基本のプロンプトテクニックの通り役割を定義した後、会議の書き起こし文章を基に議事録の作成を依頼する。Whisperなどで書き起こした文章を使う場合には、それをそのまま貼りつければよい。

また、会社や部署ごとに議事録のフォーマットを定めている場合が多いかと思うが、そのフォーマットを指定して議事録を作成させることも可能だ。例えば、「会議のテーマ」「主要トピック」「各トピックごとに話された内容の抜粋」「ネクストアクション」という形式を指定する。その上で書き起こしの文章を読み込ませると、ChatGPTがその形式に合わせて会議の内容をまとめてくれる。

▼ 入力プロンプト

```
あなたはプロの議事録作成者です。

以下の #MTG書き起こし文章 を元に議事録を作成して下さい。
その際に以下の #フォーマット に従って作成して下さい。

#Desired Format："""
■ ○○○について {会議のテーマ}

1. {主要トピック}
- 本トピックで話された内容の抜粋
- 本トピックで話された内容の抜粋
- 本トピックで話された内容の抜粋
※ 主要トピックは3~5個記載
※ 抜粋は3~6個程度記載

◆ ネクストアクション
{次回までのアクション項目を箇条書きで記載}
"""
#MTG書き起こし文章："""
```

```
{ここに書き起こした文章を入れる}
"""
```

　以下は、デジタル庁の会見動画（一般公開済み）の書き起こし文章を、プ
ロンプト内に挿入してChatGPTに投げた結果だ。

▼ ChatGPTの生成結果

 ■マイナンバーカードとマイナポータルについて

1. マイナンバーカードの申請状況
   * マイナンバーカードの申請は、2月28日までで、その日には過去最高の119万件の申請
     があった。
   * 累計申請件数は3月1日までに9,416万件で、人口比74.8%に相当。
   * マイナポイントの申込み終了日は5月末を予定し、総務省と自治体が連携して交付を
     早める。
2. マイナポータルの不具合と対応
   * マイナポータルから医療費通知情報を取得する際に一部自治体で不具合が発生し、医
     療費通知情報や薬剤情報などが閲覧・取得できない状況が発生。
   * 支払基金などが調査をし、60の自治体で不具合が発生していることが判明した。
   * 対象自治体は復旧作業を行っており、確定申告に必要な医療費通知情報は3月4日か
     ら取得可能となる見込み。
3. 電力の規制料金の値上げ申請
   * 岸田総理からの指示に基づき、厳格かつ丁寧な審査を行う。
   * 燃料費の価格動向については下落傾向にあり、申請時点からの時点補正を行うべきだ
     と消費者庁から提案。
   * 消費者庁は経済産業省から協議を受ける立場として、専門家の知見を得ながらしっか
     り見ていく意向。

◆ ネクストアクション

* マイナンバーカードの申請を早急に処理し、マイナポイントの申込み終了日までに交付
  を完了する。
* マイナポータルの不具合に対応し、確定申告に必要な医療費通知情報が取得できるよう
  にする。
* 電力の規制料金の値上げ申請について、消費者庁から経済産業省への意見を考慮し、適
  切な審査を行う。

　しっかりと指示した通りに、会見のテーマについて、主要なトピックと
それぞれの具体的な内容の抜粋、ネクストアクションについて、指定した
フォーマットの議事録として作成されている。
　スタートアップであれば、「Zoom」や「Google Meet」の音声から自動
的に議事録を作成してくれるAIサービス「tl;dv」を利用すればよいが、あ

る程度の規模の会社でセキュリティー要件的にこのようなサービスを導入できるケースは少ない。ここで紹介したテクニックで、社内外の会議の議事録作成という地味に業務時間を取られるタスクを効率化してみてほしい。

「Midjourney」を使ってストーリーボード（絵コンテ）を作成する

　次に紹介するのは、画像生成AI「Midjourney」を使ってストーリーボード（絵コンテ）を作成するテクニックだ。ストーリーボードは新しい企画の設計やプレゼン時によく用いられる。また、サービスづくりやUXデザインの領域でも新規サービスや新規機能によるユーザーの体験の流れを一連の絵コンテで設計する、という手法は効果的でよく用いられる。ユーザーの体験の流れを複数のシーンに分けた上でそれぞれの状況を表す画像をつなげ、各シーンの下にひも付ける形でUIデザインや機能を整理する。そうすることでチームの認識をそろえつつ、最適な画面や機能の設計がしやすくなる。

　従来の画像生成AIの多くは、入力された内容に基づいて確率的に画像を返すため、同じキャラクターを主人公にしたストーリーボードをつくりたいと思っても、画像を生成するごとに顔が変わってしまうという問題が起きがちだった。

　一方で、Midjourneyでは生成された画像がseed ID（seed値）という固有のIDを持っているため、そのseed IDを指定して画像を生成すれば、同じような見た目のキャラクターを題材として様々な画像をつくることができる。

　例えば、レストランで食事をしている様子や、白いワンピースを着て昼間の公園にいる様子など、場所や時間帯、服装などを変更しながら、キャラクターの顔を維持するといった具合だ。このテクニックによって、絵を描くのが苦手な人でも、簡単に一貫した登場人物で狙った絵づくりを伴うストーリーボードをつくることができる。画像生成AIサービスの「Stable Diffusion」に、指定した見た目の画像をある程度の一貫性を持って生成するLoRAという手法を組み合わせることで同様のことは実現できる。だが、MidjourneyのSeed値を用いた方が簡単でスピーディーだ。「Shutterstock」や「Unsplash」などのストックフォトサイトでイメージにぴったりと合う画像を見つけ出すのは意外と時間がかかる作業なので、慣れてしまえばこうした画像生成の方が圧倒的に一連のイメージ画像を用意するのが早くなる。

著者がMidouneryで作成

「Visla」や「Gen-2」を使ってビデオコンテを作成する

　次に動画作成のテクニックについても紹介する。企画イメージを社内外の
ステークホルダーに伝える際に、言葉や静止画だけでは伝わりきらない情報を、
ビデオコンテを作成して伝えたいと考えることは多いだろう。ビデオコン
テとは、仮の動画をつなぎ合わせて体験のイメージを一連の映像にしたもので、
動画版ラフプロトタイプのようなものだ。そんなビデオコンテを作成する
ための方法として、ChatGPTの「Visla」というプラグインと、米Runway
が提供する動画生成AI「Gen-2」を使った2つの方法を紹介したい。

　Vislaは、ChatGPTに頼むだけで自動で動画作成をしてくれるプラグイン
だ。動画のテーマやトーンなどの項目を任意に指定することで、イメージ
に合った動画を生成してくれる。

　使い方としては、まずはChatGPTに作成してほしい動画の内容を入力する。
今回は「AIサービスの便利さに驚き、歓喜している人たち」をテーマにし
た動画だ。上記のテーマをChatGPTに投げると、動画の詳細をテキストで
提示する。この時点でイメージしている動画の内容と異なっていた場合は
変更点を伝えることができ、それから最終的な動画のアウトプットに進む。

▼ Vislaの使用例

今回は、上記の画像のような内容で動画を作成してもらった。各シーンのナレーションや動画、音楽、比率などは、後から自由に編集できる。

Vislaを使った動画作成は手軽にできる半面、狙った映像にならなかったりチープな映像になったりすることもあり、慣れてくると物足りなさを感じるかもしれない。そんな場合は、先に紹介した画像生成AIサービスの

Midjourneyと動画生成AIサービスのGen-2を組み合わせて動画を作成する手法がお勧めだ。

　使い方としては、まずつくりたい映像の骨子となるシーンのキービジュアルをMidjouneyでつくる。具体的には、シーンをイメージする単語をMidjouneyに入力する。そうして生成された画像をGen-2にアップロードすると、約5秒の動画がアウトプットされる。各シーンの5秒の動画を結合し、ビデオカンプをつくるという方法だ。この手法では音声は付けられないため、適宜BGMやスピーチ生成AIサービスの「Eleven Labs」で生成した音声を被せていけばいい。

▼ Gen-2で画像から動画生成を行っている例（著者作成）

　ここで紹介した2つの手法でつくる動画は、現時点ではクオリティー的に最終アウトプットとして使えるものではない。だが、社内や顧客とのイメージ合わせのためのビデオコンテをつくる場面では活躍してくれるはずだ。

「BOTCHAN AI」でカスタマーサポートを自動化する

　消費者向けサービスや製品を展開している企業ではカスタマーサポート（CS）に多大な人的リソースがかかっているケースも多いだろう。そうしたCS業務の効率化に対して生成AIは大きな効果を発揮しやすい。従来のチ

ャットボットはルールベースで決まった質問に対して回答を設定していく
必要があったため柔軟性に欠けていた。しかし、大規模言語モデルが登場
し、自社や製品の情報を追加で読み込ませるRAG（Retrieval Augmented
Generation）という手法を用いることで、顧客の相談や質問に対して自社
情報に基づいて柔軟な回答をするボットの構築が可能になってきている。

　グローバルでは2章で紹介したカナダのAdaがその領域で大きく成長して
いるが、私の顧問先のwevnal社が提供している「BOTCHAN AI」はまさに
その日本版とも言えるサービスだ。既にスキンケアなどの消費財ブランド
や美容クリニック、金融まで幅広く導入が進んでおり、大幅なCSコストの
削減からCVRの向上まで高い導入効果を実現できている。

▼ BOTCHAN AI

出所：BOTCHAN AI（https://botchan.chat/product/ai）

業務別テクニック（4）　アイデア企画編

ChatGPTに表形式でアイデアを出させる

　ChatGPTにアイデア出しをさせてみた経験がある人は多いだろう。
ChatGPTは瞬時に多くのアイデアを出してくれるので、カジュアルにアイ
デア出しを依頼するだけでも効果的だ。だが、より有効な使い方が「表形式」
でアイデアを出させるというテクニックだ。
　表形式にすることで、設定した要素の組み合わせで通常よりも幅広いア
イデアを生成するようになったり、特定の要素を固定してアイデアのバリ

エーションをつくったりできるなど、コントロールがしやすくなる。

　一例として、新規サービスを企画した経験がある人であればなじみがあるであろう「Lean Canvas（リーンキャンバス）」というフレームワークを用いてChatGPTにアイデア出しをしてもらうケースを紹介しよう。

　まずLeanCanvasとは、米国の起業家アッシュ・マウリャ氏により開発された、顧客セグメント、顧客が抱える課題、ソリューション、独自の提案価値（Value Proposition）などの観点から、自分たちのビジネスモデルを整理するためのフレームワークだ。

▼ Lean Canvas（リーンキャンバス）

ユーザーが抱える課題 Customer Segments	ソリューション Solution	独自の価値提案 Unique Value Proposition	競合優位性 Unfair Advantage	顧客セグメント Customer Segments
	主要指標 Key Metrics		顧客との接点 Channels	
コスト構造 Cost Structure			収益の流れ Revenue Streams	

『Running Lean──実践リーンスタートアップ』（アッシュ・マウリャ 著、オライリー・ジャパン、2012年）や、アッシュ・マウリャ氏のブログ（https://blog.leanstack.com/）などを基に著者作成

　このフレームワークを参考に、ChatGPTに新規サービスのアイデアを表形式で生成させるプロンプトは以下になる。この例では、LeanCanvasの重要な要素を表の列に指定して、ターゲット顧客を「日本のテクノロジー業界で働く人」に固定した上で、スタートアップのビジネスアイデアを10個出すように指示をしている。

> スタートアップのビジネスアイデアを以下の重要な要素に分解し、その重要な要素をそれぞれ縦の列とした表を作成して下さい：コンセプト、ターゲット顧客、顧客の問題、解決策、Value Proposition、Key Success Factor
>
> テーブルを10行のデータで埋めて下さい。
> ターゲット顧客は「日本のテクノロジー業界で働く人」で固定して下さい。

　生成結果を見ると、ターゲットを固定した上で、コンセプト、顧客の課題、解決策、独自の提案価値（Value Proposition）、主要成功要因（Key Success Factor）を、横の一貫性を担保しつつ、方向性の幅を持たせながらアイデアを生成していることが分かるはずだ。このようにChatGPTにアイデア出しをさせる際はぜひ、「表形式」で生成させることを実践してみてほしい。

▼ ChatGPTの生成結果

以下の表は、10個のスタートアップのビジネスアイデアを示しています。ターゲット顧客はすべて「日本のテクノロジー業界で働く人」です。

コンセプト	ターゲット顧客	顧客の問題	解決策	Value Proposition	Key Success Factor
1. リモートワーク最適化プラットフォーム	日本のテクノロジー業界で働く人	効率的なリモートワーク環境の確立	クラウドベースのリモートワークツールとソリューション	生産性向上、コラボレーション強化	ユーザーエクスペリエンス、パートナーシップ
2. 技術者向けオンラインスキル向上サービス	日本のテクノロジー業界で働く人	新しいスキルや知識の習得	オンラインコースとメンタリング	短期間でスキル向上、キャリアアップ	コンテンツの質、メンターの専門性
3. AI搭載スケジュール管理アプリ	日本のテクノロジー業界で働く人	時間管理と効率性の向上	AI技術を利用したスケジュール最適化	生産性向上、時間節約	AIの精度、使いやすさ
4. クラウドベースのプロジェクト管理ツール	日本のテクノロジー業界で働く人	プロジェクトの進捗管理とチームコラボレーション	クラウドベースのタスク管理とチームコラボレーションツール	効率的なプロジェクト管理、進捗の可視化	ユーザビリティ、多機能性

複数前提を組み合わせてSF思考的に未来予測させる

　私は何か新しい企画を考える際に、SF小説のように自由な発想で未来を想像し、そのイメージから具体的な企画に落とし込んでいくという手法を取ることも多い。最近では「SF思考」や「Sci-Fiプロトタイピング」という名称で話題になっていることも多く、一度は耳にしたことがある読者も多いだろう。

　そうしたSF思考的なアイデア出しをする際にもChatGPTが良い相棒になってくれる。下記のプロンプトのように、ChatGPTの役割を独創的なサイエンスライターと設定した上で特定のテーマに対する独創的な未来予測を考えてもらう。

　その際に単に予測を考えさせても面白い結果が生成されることはまれなので、未来予測をするにあたって自身が設定している前提仮説を「#前提」という変数で箇条書きで渡すようにする。そうすることで、ChatGPTが適切な制約と独自の視点をもとに未来予測を出力してくれるようになる。そうして生成される結果をそのまま用いることはないが、つかみどころのない未来を夢想する上で強力なインスピレーションになってくれる。

▼ 入力プロンプト

> あなたは独創的なサイエンスフィクションライターです。
>
> 以下の3つの前提を組み合わせて、生成AIによって都市生活がどのように変化するかに関する独創的な未来予測を5つ打ち立てて下さい。
>
> #前提："""
> ・前提1：生成AIによってコンテンツの創造コストが限りなくゼロになる
> ・前提2：生成AIによってシステムによる限りなく自然な対話が実現する
> ・前提3：AIが人間並の知性や能力を有する
> """

▼ ChatGPTの生成結果

業務別テクニック（5）　サービス設計編

　最後にサービス設計の用途に焦点を当てて、いくつかテクニックを紹介する。なぜ他の業務領域に比べるとやや専門的なサービス設計について解説するかというと、理由は2つある。

　1つは、デジタル化が進む中でプロダクトマネージャーやUXデザイナーに限らず、様々な職種の人間もサービスデザイン的な考えや知識がこれから必要になるという点だ。もう1つは、ここで紹介するマニアックなテクニックは、サービス設計だけでなく、他の専門領域にも応用することができるという点だ。

　そうした観点から現在はサービス設計に直接的に関わっていない人でも、ぜひ読んでみてほしい。

ChatGPTでユーザーストーリーマップをつくる

サービス設計をする際によく使う手法の一つに、「ユーザーストーリーマッピング」がある。

ユーザーストーリーマッピングは2章で解説した通り、複数の付箋を用いてユーザーの行動を洗い出し、整理していくことで、プロダクトに必要な機能の要件や開発ロードマップを明確にするものだ。

新規サービスや新規機能をつくる上でとても有効な手法だ。しかし、制作に慣れていない人が取り組むと、多くの時間がかかったり、ユーザーの行動や必要な機能の抜け漏れが発生しやすい。そこで、ChatGPTにベースとなる叩きをつくってもらうことで、効率化しようというわけだ。

▼ ユーザーストーリーマップ

行動フロー	行動シーン1	行動シーン2	行動シーン3	行動シーン4	行動シーン5
ユーザーの具体的な行動	行動1	行動2	行動3	行動4	行動5
機能	機能	機能	機能	機能	機能
初期リリース（MVP）				機能	
	機能	機能		機能	機能
第2弾リリース	機能				機能
第3弾リリース	機能	機能	機能		

『ユーザーストーリーマッピング』（Jeff Patton 著、オライリー・ジャパン、2015 年）などを基に著者作成

下図では例として、架空の音楽ストリーミングサービスのユーザーストーリーマッピングの生成を指示している。役割を「経験豊富なUXデザイナー」とした上で、顧客や課題、解決方法といったサービス構造を情報として与えている。

また、フォーマットは横6行、縦6列とあらかじめ指定し、各項目にユーザーストーリーマッピングの項目をそのまま入れる。

あなたは経験豊富な UX デザイナーです。

以下の #サービス構造の「ポティファイ」というサービスのユーザーストーリーマップを以下の #フォーマットに従って表形式で作成して下さい。

#サービス構造:"""
顧客:
音楽愛好者やポッドキャストリスナーで、新しい音楽を探求したり、お気に入りの音楽やポッドキャストを手軽に聴きたいと考える人々

課題:
・音楽やポッドキャストを検索し、個別に購入したりダウンロードしたりすることは手間がかかる
・自分の音楽嗜好に合わせて個々の曲を組み合わせてプレイリストをつくるのは時間がかかる

解決法:
・音楽ストリーミングサービス
└ユーザーはポティファイを通じて数百万曲以上の楽曲とポッドキャストにアクセスでき、お気に入りの曲やアルバムを手間なくストリーミングできます。さらに、ポティファイはユーザーの音楽嗜好を学習し、個別にカスタマイズされたプレイリストを自動的に生成します。これにより、新しい音楽やアーティストを発見することも容易になります。
"""

#フォーマット:"""
・横6行
・縦6列
・行=ユーザーの行動グループ、行動グループ内の具体ユーザーアクション、各アクションでのユーザー心理、機能（優先度:高）、機能（優先度:中）、機能（優先度:低）
"""

　上記のプロンプトを入力して生成された結果が下になる。この表を叩き台としながら、担当者やチーム内で追加すべきユーザーの行動フローや機能の議論をしていけば、効率的にユーザーストーリーマップを作成できるはずだ。

▼ ChatGPTの生成結果

	登録・ログイン	音楽探索	プレイリスト作成	音楽体験	音楽推薦	コミュニティ参加
具体ユーザーアクション	アプリをダウンロード・インストール	音楽ジャンル/アーティスト/曲名で検索	自分の好きな曲をプレイリストに追加	曲を再生し、聴く	推薦曲を聴く	アーティストのフォロー、他のユーザーとの共有
ユーザー心理	サービスに期待感と興味を持つ	新しい音楽を見つける喜びと好奇心	自分だけの音楽空間を作りたいという欲求	音楽に没入し、リラックスしたいという気持ち	音楽の新たな発見とサプライズ	音楽を通じたつながりと共有の喜び
機能（優先度：高）	シームレスな登録・ログイン機能	キーワード検索機能	プレイリスト作成機能	曲再生機能	AIによる個別音楽推薦機能	アーティストフォロー機能
機能（優先度：中）	ソーシャルメディアアカウントでのログイン機能	ジャンル、アーティスト、曲名によるフィルタリング機能	曲のドラッグ&ドロップ機能	再生品質選択機能	ユーザー評価に基づく推薦機能	曲/プレイリスト共有機能
機能（優先度：低）	パスワードリマインダー機能	サジェスト機能	プレイリスト名変更機能	シャッフル、リピート機能	音楽嗜好変更機能	ユーザーコミュニティ機能

ChatGPTでインフォメーションアーキテクチャー図をつくる

ユーザーストーリーマップと同様に、2章で紹介したインフォメーションアーキテクチャーダイアグラム（Information Architecture Diagram：以降IAダイアグラム）も新規サービスや新機能を設計する際に作成すべきものの一つだ。これをサービス設計段階で将来的な機能も含めて作成しておくことで、ユーザーフローが複雑になって体験を損なうことを避けられたり、機能が増えていっても破綻しない設計を早期に行うことができる。

▼ IAダイアグラム

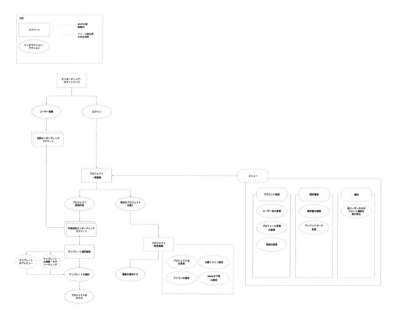

著者作成

　このIAダイアグラムは、ユーザーストーリーマップ以上に制作経験がない人がつくろうとするとつまずきやすい。しかし、これもChatGPTで生成することが可能だ。

　ChatGPTでこのような図解を生成する際に必要なのが、Mermaidという図解を作成するためのJavaScriptの記法だ。Mermaidでは下図の画面左上のように記法に沿ってコードを書くと、右側に図解を表示してくれる。

　そこで一工夫。ChatGPTはコード生成のプロであることは前述の通り。ChatGPTにIAダイアグラムを適切に表現するようなMermaidのコードを生成させれば、結果的にIAダイアグラムをChatGPTに作成させることが可能になるというわけだ。

　プロンプトの概要は以下のようになる。役割を経験豊富なUXデザイナーと定義し、Marmaid記法を用いてIAダイアグラムの図の作成を指示する。プロンプト内で示している対象サービスのユーザーストーリーマップは、先ほどChatGPTに作成させたものをそのまま貼り付けている。

　IAダイアグラムの作成手順も、ChatGPTへの指示の中に組み込んでいる。

手順としては記載したユーザーストーリーマップを持つモバイルアプリにおけるユーザーの行動を最初に全て抽出した後、各ユーザー行動の前後で必要となるアプリ画面を洗い出す。それらの情報を基に、図を生成する。

　そして最後に、Mermaid特有の記述ルールをいくつか設定してプロンプトを投げると、ChatGPTからMermaidのコードが返ってくる。このコードを「Mermaid Live Editor」というオンライン上のツールに入力すると、立派なインフォメーションアーキテクチャーダイアグラムに早変わりするというわけだ。作成された図を見てもらえば分かる通り、しっかりとユーザー行動は丸で、画面は四角で囲われており、ユーザーの遷移関係、機能、画面の包含関係が反映されている。

▼ Mermaid Live Editor

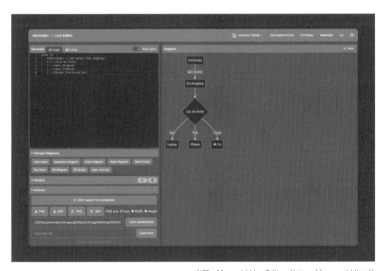

出所：Mermaid Live Editor（https://mermaid.live/）

あなたは経験豊富なUXデザイナーです。

以下の手順に従って以下の#ユーザーストーリーマップを持つモバイルアプリにおける
Information Architecture Diagram を Mermaid 記法を用いて記述して下さい。

#手順："""
1. 以下の#ユーザーストーリーマップを持つモバイルアプリにおけるユーザーの行動を全て洗い

出して下さい（例えば「登録する」「曲を再生する」）。

2. 次に、洗い出したユーザー行動の前後で必要なアプリ画面をできるだけ洗い出して下さい。

3. 洗い出した画面間をユーザーの遷移関係やアプリ画面同士の依存包含関係に従って図解する Information Architecture Diagram を Mermaid 記法を用いて記述して下さい

その際に後述の #記述ルールに従って下さい。

"""

#ユーザーストーリーマップ： """

| 登録・ログイン | 音楽探索 | プレイリスト作成 | 音楽体験 | 音楽推薦 | コミュニティ参加 |
|___|___|___|___|___|___|

具体ユーザーアクション | アプリをダウンロード・インストール | 音楽ジャンル/アーティスト/曲名で検索 | 自分の好きな曲をプレイリストに追加曲を再生し、聴く | 推薦曲を聴く | アーティストのフォロー、他のユーザーとの共有」| ユーザー心理 | サービスに期待感と興味を持つ | 新しい音楽を見つける喜びと好奇心 | 自分だけの音楽空間をつくりたいという欲求 | 音楽に没入し、リラックスしたいという気持ち | 音楽の新たな発見とサプライズ | 音楽を通じたつながりと共有の喜び」| 機能（優先度:高）| シームレスな登録 ログイン機能 キーワード検索機能 | プレイリスト作成機能 | 曲再生機能 | AIによる個別音楽推薦機能 | アーティストフォロー機能」| 機能（優先度:中）| ソーシャルメディアアカウントでのログイン機能 | ジャンル、アーティスト、曲名によるフィルタリング機能一曲のドラッグ＆ドロップ機能 | 再生品質選択機能 | ユーザー評価に基づく推薦機能 | 曲/プレイリスト共有機能 |

"""

#記述ルール： """

・ユーザー行動は（[""]）で囲う

・アプリ画面は（""）のみで囲う

・特殊文字（非英数字）が含まれるノードを定義する際にはダブルクォート"を用いてノード名を囲む

・各ノードは一意のIDを付与する

"""

▼ ChatGPTの生成結果をMermaid LiveEditorに入力した結果

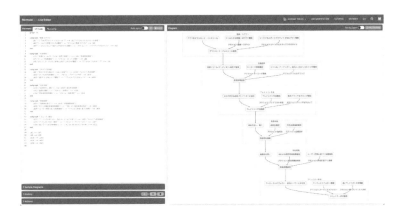

　このようなIAダイアグラムはプロのUXデザイナーであれば簡単につくれるが、慣れないうちは難しく、時間がかかる。ここで紹介したような手法で最初にChatGPTにたたき台をつくってもらい、それをベースにチームで改善していくと圧倒的に作成の効率は上がるはずだ。

まとめ

　ここまで5つの業務領域に分けて、基本的なものからマニアックなテクニックまで、生成AIを活用した業務効率化術を紹介してきた。まずは自分の業務に近いものから取り入れてもらえれば、特定の業務において生産性を数倍、下手すれば10倍に向上することも十分に可能なはずだ。ぜひ試してほしい。

コラム6 | 生成AIによって経営や組織はどう変わるか
エクサウィザーズ代表 春田真氏との対談

　生成AIはビジネスをどう変えつつあるのか――。AIを用いて社会課題、ビジネス課題の解決を目指すエクサウィザーズは、ChatGPTの活用を早期からスタートし、社内利用だけでなく新規サービスの展開も加速している。そこで今回は、同社の代表取締役社長・春田真氏に生成AIによって経営や組織はどのように変わり得るかについて聞いた。

プロフィール

エクサウィザーズ代表取締役社長

春田 真　氏

京都大学法学部卒業。住友銀行入行。同行退職後、DeNA（ディー・エヌ・エー）入社。同社の上場を主導すると共に大手企業とのJV設立や横浜DeNAベイスターズの買収などM&Aを推進。2011年12月、横浜DeNAベイスターズのオーナーに就任。16年2月、エクサインテリジェンス（現・エクサウィザーズ）設立。17年10月の合併を機に代表取締役会長に就任。18年11月取締役会長、23年4月から現職

梶谷　エクサウィザーズさんは法人向けChatGPTサービスの「exaBase生成AI」やIR業務に特化した「exaBase IRアシスタント」などのサービスを既に展開されていますが、その中で社内の変化ですとか気づきのようなものはありましたか。

春田　会社としては、生成AIで新しいプロダクトをつくるというアクションを、多くの人が自発的に起こしてくれたのが大きかったですね。

　　　プロダクトづくりが高速化し、汎用的なモデルを活用しながら個別具体の課題解決につなげられる可能性が出てきました。ですので、アイデアを持っていたり、サービスをつくりたいと思っていたりする社員が、「（サービスを）つくったら本当に世の中に出せる」「本当にお客さんに使ってもらえる」と理解してくれたこと、これが戦略的には大きいですね。

梶谷　メンバー目線でも肌感を持ちやすくて、身近な課題と結びつきやすかったことは、事業化の速さに関わるということですね。

春田　はい。こういうものを使ったら、こんなことができるんじゃないかと思うことがまず大事で、それにチャレンジしていく中で、新しいことが見えてくると思っています。

　　　世の中のサービスは、基本は自分が使いたいからつくられたと思うんですよね。企業には、経理や財務をはじめ、いろいろなシステムがあります。その中にいる人が何か新しいことをしようとしても、システムを変える必要があって、そのためにはシステム投資と開発要員を準備しなければいけない。それでは動きません。

　　　でも、データが格納されている箱があり、生成AIによってそのデータを"いい感じ"で引っ張ってくるような仕組みをつくれれば、改修やアップデートのたびに大規模な開発をしなくてもよくなります。現場のアイデアで新しいことを実装しやすくなるうえ、コスト面でブレーキがかかりにくいというのが、今回の生成AIの1つの価値ではないかと思っています。

　　　ChatGPTが出てきたころは、生成AIを入り口にしたポータル的なサービスが広がっていくのではないかと話していました。でも、最近は一歩進んで、司令塔としていろいろなシステムを結びつけて、必要なデータを加工させていくような存在になっていくと考えています。

大手企業の「予算がないからできない」は逃げ

梶谷　生成AIに関して、欧米圏と比べると大企業の動きは遅いように感じます。根本の課題は、硬直的な予算と、経営層があまり触っていない肌感の欠如ということでしょうか。

春田　予算主義自体は悪いとは思いませんが、柔軟性がないことが課題だと感じています。

　　　私はもともと銀行にいたので、大きな組織になればなるほど、自分たちの部門の予算があり、それを守ろうとすることを理解しています。加

えて、それに予算のつくり方が真面目で、"遊び"があまりないため突発性に弱い。何かが起こって対処したいときに、「予算を持っていない」という話になりがちです。

　生成AIでも「予算がないからできない」といったように、予算主義の中で動けないことが少なくないと思います。ですが、大企業こそ、事業を広くやっているわけですから、「今、こっちで稼げていてこれだけ利益が出ているから、別の領域に投資しても帳尻が合う」というマネジメントをすることも可能だと思います。

　例えば、当社エクサウィザーズの法人向けChatGPTは1ユーザー当たり月額約1000円ですが、自分たちの部門に100人いたとしても、100人×1000円＝10万円。数カ月分の投資ができないということはないと思います。もちろんコスト以外の部分での確認や検証が理由の場合もあるでしょう。ただ、使ってみることはすぐにでもできるはずです。

梶谷　なぜ、導入や活用に時間がかかるのでしょうか。

春田　生成AIに対する脅威を、まだあまり感じていないのかなと思いますね。自分たちのビジネスを脅かすような状態になる、もしくはビジネスチャンスがあると判断すれば取り組むのだと思います。

単なる業務の効率化ではなく、プロセス自体にメスを

梶谷　全体的なスピードは遅いながらも、生成AI活用に既に動き始めている企業はあります。様々な企業との取り組みを進める中で気づいたことはありますか。

春田　興味深いのは、生成AIの活用というテーマになると、社内で業務の領域を超えて、様々な部門、部署からアイデアが出てきたり、生成AIでこういうプロジェクトをやりたいといった意見が積極的に出てきたりします。生成AIが錦の御旗のようになって、積極的な担当者が増えているように感じます。

　一方で、課題もあります。生成AIを使うと、個人ではメールが簡単に

作成できたり、長文の要約や外国語の翻訳なども容易にできたりします。ただ、これだけでは、少し前に話題になった「RPA（ロボティック・プロセス・オートメーション）」とどう違うのかが分かりにくい。

　そもそも作成している資料や定期的な報告業務は本当に必要なのかという視点で根本的な効率化を実現していくことが重要です。

梶谷　なるほど。従来の効率化は、AとBとCのプロセスがあったときに、それぞれの効率を120％にしますというものでした。しかし、生成AIは、そもそもAもBも飛ばして（不要にして）、Cだけにもでき得る技術。プロセス自体を見直す転機にもなるということですよね。

春田　そうです。文系的なアプローチでは、Aをどう改善するか、Bをどう改善するか、Cをどう改善するかになりがちだと思うんですよ。プロセス全体を見直そうとしない。でも、エンジニアの考え方では、プロセスAとBはいらないから、一気にCをやろうとなります。生成AIによって、エンジニアの発想を文系の人も使える可能性が出てきたわけです。

デジタル感度の高い若い世代にいかに託すか…

梶谷　生成AIが発展すると、生産性が上がるだけでなく、個人の能力も大幅に強化されるというリポートが発表されています。春田さんは、生成AIが進化していく中で、企業の組織がどう変わっていくイメージをお持ちですか。

春田　生成AIのような新しいテクノロジーに関しては、若い人の方が感度がいいに決まっています。テクノロジーに対する体感値も高く、技術に可能性を感じることができますから。

　だから会社としては、若い人たちの感覚を生かしながら、彼ら・彼女らに仕事を任せられる組織編成にすることで、新しい何かが生まれてくるのではないかと思っています。

　また、通常業務の中では、生成AIがアシスタント的な存在となり、いろいろなことを代行する形で円滑に回してくれるようになるでしょう。

　ただし、突発的な問題が起きたとき、AIはオプションの提示はできま

すが、その中でどれを選択するかまで任せるのはまだ難しいと思いますので、当面は人が対応することになると考えています。それも事例やデータを蓄積していけば、AIが対応していくようになると思います。

梶谷　企業の中だけでなく、生活はどのように変わると考えていますか。

春田　社会がいきなり激変するわけではないと思います。例えば、カーナビが普及して人が道を覚えなくなったり、携帯電話が普及して電話番号を頭に入れなくなったりしました。このように、テクノロジーが浸透して、いつの間にか人の行動が変わったり、社会が変わったりしていくのだと感じています。

　現在の企業における生成AIは、パーソナル秘書のようなイメージが近いですよね。それが近い将来、普段の生活の中にも入ってくることは容易に想像ができます。生成AIは、私のことを一番よく知っていて、私が便利でうれしいと思うことをやってくれる存在になる。そこからどんどん賢く進化して、何でも相談できる"親友"のようなものになっていくのではないかと感じています。

　もちろん、こういったテクノロジーに負の部分があることは分かっていますし、それを否定はできません。マイナス面がある、起こり得るという前提で活用をしていくことが重要です。

　また、人に極めて近いテクノロジーであり、情報操作や悪用されることも想定されるため、一定のルールづくりも必要です。ただ、その前提として「どのような世界にしたいか」を考えていくことが大切。それがない中で規制だけをつくっても、ルールのためのルールになってしまう。技術の進化が極めて速いため難しいかもしれませんが、つくりたい未来、"世界観"を提示していく覚悟が必要になるのだと思いますね。

7章

これからの
生成AI時代を
勝ち抜く組織の
つくり方

生成AIネイティブな組織だけが生き残る時代へ

ここまで述べてきたように、生成AIの進化は企業の競争力を根本から変革する潮流である。これからの時代は生成AIによって従来の業務プロセスを刷新し、新たな事業価値を創出できる生成AIネイティブな組織が高い競争力を発揮するようになる。それは大きく生産性、イノベーション力、顧客体験の3点によって説明できる。

1章でも紹介したマッキンゼー・アンド・カンパニーのレポート「The economic potential of generative AI（生成AIがもたらす潜在的な経済効果）」では、生成AIと他技術によって従業員の業務全体の60～70%が自動化できるという読みが提示されている。GitHub Copilotなどの実例を持ち出すまでもなく、特定業務においては1人当たりの生産性を数倍、ゆくゆくは10倍以上効率化することも現実的なシナリオになっている。そうした圧倒的な業務効率化を実現した組織とそうでない組織で全く同じ事業に取り組んだとすれば、どちらの企業が勝つかは明白である。

そして、生成AIによって顧客インサイトの分析やアイデア創出のレベルが上がり、製品のデリバリースピードが飛躍的に向上することで企業のイノベーション力も向上するはずだ。

さらに、生成AIを活用した1対1のマーケティングや体験設計、カスタマーサポートの提供などを行える企業のサービスや製品の顧客体験は、こうした技術を活用しない企業よりも高くなるはずだ。

このように企業の競争力という観点で見た場合に、企業は本気で生成AIを導入すべき、というのは明らかに思える。だが、それは単に事業や業務にこの新しい技術を導入するという話にとどまらない。

仕事の在り方や人間とテクノロジーの関係を根本から考え直すことを強いるほど強力な生成AIの台頭を受けて、組織構造や企業文化、戦略的意思決定のプロセス、従業員のスキルセットの再構築、そして何より経営陣のマインドセットの変革が求められる。

生成AIを最大限に活用するためには、経営者や幹部自らが技術の可能性を理解し、それを企業戦略に組み込むリーダーシップを発揮しなければならない。将来にわたって競争優位性を維持し続けるためには、生成AIネイティブな組織への変革を、単なる選択肢ではなく、生存のための必須条件として捉えるべきである。

この章では、いかに自分たちの組織を生成AIネイティブなものにしてい

くかについて、具体的なステップやポイント、さらに経営層が見据えておくべき企業の変化について解説していく。

組織を生成AIネイティブにするための「3→3→1のステップ」

組織を生成AIネイティブに変革するといっても、何から着手してどのように進めていけばいいか分からないという読者も多いだろう。そこで、そのプロセスを3つのフェーズに分け、それぞれ「3アクション→3アクション→1アクション」の合計7つのアクションで取り組むことをお勧めしたい。
以降でそれぞれのフェーズとその中身のアクションについて解説していこう。

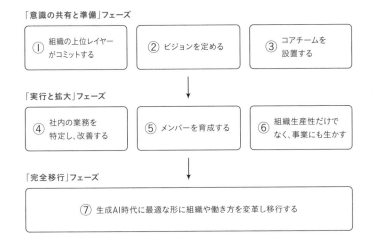

「意識の共有と準備」フェーズ

① 組織の上位レイヤーがコミットする　② ビジョンを定める　③ コアチームを設置する

「実行と拡大」フェーズ

④ 社内の業務を特定し、改善する　⑤ メンバーを育成する　⑥ 組織生産性だけでなく、事業にも生かす

「完全移行」フェーズ

⑦ 生成AI時代に最適な形に組織や働き方を変革し移行する

フェーズ（1）「意識の共有と準備」

組織に生成AIをインストールしていく上でまず重要なのは、「なぜ自社にとって生成AIは重要なのか」「生成AIの導入を通して我々はどこを目指すのか」といった意識の共有に加え、生成AI導入を推進していくための体制を整えることだ。そしてそのフェーズにおいては、以下の3つのアクションが重要

になる。

▼「意識の共有と準備」フェーズの3つのアクション

アクション（1）組織の上位レイヤーがコミットする

どんな組織変革にも共通だが、組織のトップである経営者、少なくとも
それに準ずる役員陣が生成AIの可能性をしっかりと理解し、健全な危機感
を持って組織変革にコミットすることが必要だ。

しかし、ここで「まずそれが一番ハードルが高いんだよ」という読者の
声が聞こえそうだ。実際に、「自分は生成AIに対して強いチャンスや危機感
を持っているが、経営者が全然理解してくれない。どうすればいいか」と
いう相談をもらうことは多い。

本書は基本的には経営層をメインターゲットとした書籍になっているが、
読者の中には自社の事業や組織を変革することに情熱を持ったメンバーも多
く存在すると思われる。だからこそ、そうした立場から経営陣を生成AIに
コミットさせるためのポイントを解説していきたい。経営者や役員の読者は、
反対に自分以外のメンバーに生成AIのインパクトを気づかせるためのポイ
ントとして読んでいただければ幸いだ。

経営者や役員に対して、生成AIへの取り組み意欲を芽生えさせる効果的
な方法は2つある。「外部講師によるレクチャー」と「社内のスモールテス
トによる定量的効果の提示」だ。

前者は、外部の生成AIのビジネス活用に詳しい有識者を呼んで、全社員
向けの勉強会を実施してもらうというものだ。つまり「外部の力で一気に
目を開かせる」というアプローチだ。

現場メンバーでも社内勉強会の予算は一定捻出できる企業が多いと思うので、

その予算で外部講師にセミナーを依頼し、生成AIの価値に気づいてほしい代表や役員の予定を必死で押さえて、意地でも参加してもらう。この代表や役員に参加してもらうというところが最初の頑張りどころだ。意地でも参加してもらおう。

　私も企業の依頼を受けてそうしたセミナーを実施しているのでややポジショントークになってしまうが、セミナー終了後には「生成AIは自社に取って死活問題であり、取り組む以外に選択肢はない」「生成AIは怖いものではなく自分の仕事の質を上げてくれるワクワクする存在である」ということを実感してもらい、代表や現場の社員の態度や姿勢が一気に変わったという声を聞く。そうなると、その後の取り組みがとても実行しやすくなる。

　もしあなたが生成AIの可能性を痛感しているが周りがのってこないときは、「外の力」で一気に風穴を空けてしまう方がスムーズな場合が多い。

　そして、もう一つの方法が、社内の一部署の業務改善に生成AIをテスト導入し、その改善効果を持って上を説得することだ。全社に一気に生成AIを導入するハードルは高くても、1部署や1部門で一定期間テスト的に導入することはそこまで難しくないはずだ。そうして自分の部署の部門で生成AIと相性の良い業務（6章を参照）において生成AIを活用するのだが、そこで重要なのは定量的な改善効果を測定することだ。

　生成AIはうまく使えば特定業務の効率を2倍以上、下手すれば10倍近くに引き上げることは現状でも可能だ。そして、そのようなインパクトのある改善数値があれば上の説得は比較的容易になる。

　そのため、生成AIの導入に情熱を燃やす担当者は、単に導入を目的にするのではなく、生成AI導入前と後の変化を測定することを心がけてほしい。

　そのための最も簡単な方法は、導入前と後それぞれのタイミングで対象となる社員にアンケートを取ることだ。対象業務にどれくらい時間がかかっているか、その差分を可視化する。作業に実際にかかっている時間を測定する方法は正確ではある一方で、その測定自体に時間がかかってしまい、無駄な工数が発生するという本末転倒な事態にもなりかねない。それに対してアンケートで業務の所要時間のビフォーアフターを聞くだけであれば、手軽にできると同時に一定の信頼感のあるデータが取れる。

　組織における上のレイヤーがまだ生成AIの導入に前向きでない場合は、ここで紹介した2つの方法でぜひその風向きを変えたい。

アクション（2）ビジョンを定める

　新しい技術を導入して企業を変革するとき、結果としてどういった状態を目指すのかというビジョンの設定がとても重要だ。ビジョンがなければ数多ある生成AIの活用のうち取捨選択の精度が低くなり、かつ従業員も面倒なプロセス変革やラーニングコストを払ってまで生成AIを導入することに納得感を得られにくい。

　ここで重要なのは、生成AIで達成する結果のうち、業務効率化やコストカットは通過点であり、その先の事業の拡大と社員の幸福度の向上が本来のゴールであるべき、という点だ。

　会社組織としての本来の目的は、社会への提供価値の最大化とそれを持続的に行うための利益の最大化、そして企業構成員の幸福度の最大化だ。業務効率化やコストカットは、それを達成するための手段に過ぎない。

　生成AIによって、社員の仕事の質が上がったりルーティンワークから解放されたりすることで仕事の満足度が上がり、社員のケイパビリティーの向上や業務効率化につながる。その結果、利益構造が改善し、余剰リソースや利益の再投資を通して社会への提供価値が大きくなっていく。単に生成AIで業務効率化とコストカットを達成するという目的では、誰もワクワクしないしついてこないだろう。だからこそ、ポジティブなビジョンを掲げたい。

　こうした前向きなビジョン設定は、本質論とは別に会社の従業員を生成AI活用に前向きにさせるためのテクニック論としても非常に重要だ。

　私は、組織に生成AIをスムーズに導入するためには、「北風」的なアプローチではなく「太陽」的なアプローチを用いるべきだと考えている。

　日々の生成AIのニュースの中で、AIの進化によってホワイトカラーが不要になるという情報が飛び交うなど、自分の会社が生成AIの導入を積極的に進めることに対して無意識的に恐怖心を抱く社員も多いだろう。

　そんな社員に対し、「生成AIはこんなに進化していて、これを使いこなせない企業や社員は価値がなくなる」という恐怖心をあおるような「北風」的なやり方で社員を動かそうとしてしまうと、自分がリプレースされてしまうという恐怖心から、生成AI導入への対抗勢力になってしまいやすい。そうなると、生成AIを自社プロダクトやワークフローに導入するスピードがガクッと落ちてしまう。

　そうならないように、経営者は社員に対して「太陽」的なアプローチを

取るべきだ。私が支援している会社では、ワクワクする前向きなビジョンを設定することに加えて、まず最初に生成AIのアイデアソンや画像生成AIワークショップを社員向けに実施することが多い。「社員が生成AIって面白い！」と感じる状態をつくり、本格的に実務に生成AIを活用するプロセスを踏むことでスムーズに活用が進みやすくなる。

アクション（3）コアチームを設置する

　生成AIの社内活用を推進する上で、それを担うコアチームを設置することが有効だ。理想は生成AIや大規模言語モデルの活用とそれによる事業価値創出、組織の生産性向上をメインのミッションとする専任部署を設置すること。もしリソースの関係で専任チームの設置が難しければ、まずは各部署から生成AIの活用に対して特に前向きなメンバーを有志で募り、社内エバンジェリストに任命した上で生成AIの社内浸透と組織の生産性向上をメインミッションとするワーキンググループを設置することがお勧めだ。当初は本業との兼務でも構わない。

　専任部署でも兼務のワーキンググループでも、こうしたコアチームをうまく機能させるためのポイントはいくつかある。1つは組織のトップかそれに準ずる役職のメンバーをコアチームにコミットさせることだ。なぜならこうしたコアチームが生成AIのナレッジを各部署に波及させる際に、組織トップの関与がなければ「面倒な追加のお題を技術好きのグループに押し付けられた」と現場が感じて、導入がうまく進まないケースがあるからだ。

　また、コアチームのメンバー組成においては、なるべく多様な専門知識と視点を活用できるように、様々な部署と職種からメンバーを構成することが望ましい。ビジネス職、エンジニア職、デザイナー職など、それぞれから見た生成AI技術の活用策は異なり、また各部署のオペレーションの知識と生成AIの強みを組み合わせることで大きな成果を生み出しやすくなる。

　最後に、このコアチームは日々キャッチアップしている生成AIの新しい動向や、業務活用の中で見いだしたテクニックを定期的に組織全体にフィードバックするのが望ましい。

　生成AIを組織にインストールする際に、有名な「2：6：2」の法則が顕在化するケースが多い。2割の新しい技術への好奇心が強いメンバーは勝手にその技術を学び、反対に2割の新しい技術に後ろ向きもしくは否定的な人

のグループはほとんど学ぼうとも活用しようともせず、中間の6割は周りが前向きなのか後ろ向きなのかに大きく左右されて行動が決まる、というものだ。

そのため、生成AI推進のコアチームは、真ん中の6割のグループを主なターゲットとして定期的にナレッジを共有することが重要。そうして中間の6割が前向きになり、結果として最も腰の重い2割の後ろ向きなグループもやらざるを得ない状況をつくることが可能になる。厳しいことを言うと、社員の解雇を柔軟に実行できる欧米においてはこうした新しい技術を活用して自身の生産性を向上させることに後ろ向きな人材は真っ先にレイオフされる対象である。それに対して、実質的に解雇ができない日本企業においては時間はかかっても上述のような働きかけを冷静に実行していくことが求められる。

フェーズ(2)「実行と拡大」

ここまで準備が整ったら、いよいよ組織や事業に生成AIをインストールしていくフェーズに入る。生成AIの活用を推進し、そこから得られる学びや実験結果を基にさらに活用のスケールを広げていく、というサイクルだ。ここでも大きく3つのアクションに分けて解説していく。

▼「実行と拡大」フェーズの3つのアクション

アクション（4）社内の業務を特定し、改善する

　生成AIの組織へのインストールにおいて重要なテーマの一つは、生成AIを実際に活用して社内の業務効率性を改善することだ。

　そのための具体的なプロセスは以下の流れになる。

▼ 社内の業務を特定し、改善するための6ステップ

① 生成AIを適用する
　業務領域を特定する

② 社内利用ガイドラインの整備

③ ツールの選定と
　プロンプト設計

④ 成果の測定

⑤ システム化による
　組織内波及

⑥ ベストプラクティスの共有

ステップ1:生成AIを適用する業務領域を特定する

　まずは、生成AIを活用する業務領域を特定することが第一歩だ。生成AIは非常に強力なツールだが、万能ではない。生成AIが得意な領域をしっかり見定めて業務に適用していくことが重要だ。生成AIが得意な業務領域を特定する上では、大きく3つの観点を参考にしてほしい。

▼ 生成AIを活用する業務領域を特定するための3つの観点

観点 1

生成AIの本質的価値
〈2章〉

観点 2

業務効率化テクニック
〈6章〉

観点 3

業務領域別の生成AI活用
インパクト評価
by マッキンゼー

観点の1つ目は、2章で解説した生成AIの本質的価値だ。生成AIの強みを理解した上で、それを適用する業務領域を考える。

　2つ目は6章で解説した生成AIを用いた具体的な業務効率化テクニックのリストだ。紹介したリストのうち、自社と相性が良いものから着手するのも比較的スピーディーに効果を上げられる方法だ。

　3つ目として参考になるのが、前述したマッキンゼー・アンド・カンパニーの「The economic potential of generative AI（生成AIがもたらす潜在的な経済効果）」に掲載されている業務領域別に生成AIを活用した際のインパクト評価の表だ。この表では「開発」「CS」「マーケティング」「セールス」「製品のR&D」などが特に生成AIを活用した際の改善インパクトが大きい業務領域として評価されている。

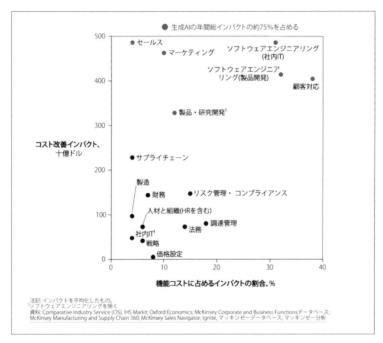

出所：マッキンゼー・アンド・カンパニー「The economic potential of generative AI（生成AIがもたらす潜在的な経済効果）」（2023年6月）https://www.mckinsey.com/jp/~/media/mckinsey/locations/asia/japan/our%20insights/the_economic_potential_of_generative_ai_the_next_productivity_frontier_colormama_4k.pdf

　こうした観点から、まずは自社においてどの業務領域に対して生成AIを活用すると最大のインパクトが発揮されそうなのかを見定めていく。

加えて、業務効率化の効果を高めるには、「既存のワークフローを壊せないか」を考えることが重要だ。

仮にA→B→Cという一連のプロセスの業務があった場合、従来の効率化の発想ではA、B、Cそれぞれの業務で20〜30%程度の効率化を積み上げるという発想になりがちだ。だが、生成AIを使えばそもそもAとBを丸ごとすっ飛ばしてCだけで同様の成果物を得られるようにする、ということも可能なケースが少なくない。ドラスティックな発想を持ちながら業務改善に取り組む姿勢が、生成AI活用では重要だ。

ステップ2：社内利用ガイドラインの整備

社内で生成AIの活用を推し進める上でリスクを最小化するための守りの設計も重要だ。企業が生成AIを活用するにあたっては大きく以下4つのリスクがある。生成AIを積極活用して攻めの取り組みをしていくためにも、それらを最小化するための守りのガイドラインを予め設計して社内周知することが大事になる。以降ではそれぞれのリスクを軽減するための方法の要点も紹介していく。

▼ 企業の生成AI活用における4つのリスク

① データセキュリティーのリスク	② 著作権のリスク
③ 誤情報のリスク	④ レピュテーションのリスク

1つ目のデータセキュリティーにおける主要な懸念は、入力したデータがAI企業に学習されてしまい、結果として機密情報が漏洩してしまわないかというものだろう。これはChatGPTに入力された情報はデフォルトではOpenAIの学習データとして用いられることから来るリスクだ。ChatGPT上でデータ学習をオプトアウトすることで対策はできるが、社員数が数百、数千人いる企業でそれを全社員に徹底させることは現実的ではない。したがってお勧めの方法は2つだ。

1つは、OpenAIのAPIやAzure OpenAI ServiceのAPIを使って自社専用

のChatGPT的ツールを開発してしまうことだ。API利用であれば、データ学習はされないため、セキュリティー観点で残るリスクといえばデータがクラウドに上がるという点に集約され、クラウドサービスを禁止するような厳格な企業を除けば一気に導入の懸念は軽減するはずだ。ChatGPT的なインターフェースを実装するためのライブラリはGitHub上に複数上がっており、エンジニアの工数をそこまでかけずとも構築することが可能だ。

　もう1つの方法は、顧問先のエクサウィザーズ社が提供する「exaBase生成AI」や、OpenAIの企業向け有料プラン「ChatGPT Team」、Microsoftが大企業向けに提供している「Microsoft Copilot（旧Bing Chat Enterprise）」などの企業向けのAIチャットサービスを利用するという方法だ。こちらは利用ユーザーあたりの月額費用は必要になるが、初期開発やメンテナンス開発の社内工数や費用が必要なくなるというメリットがある。こうした企業向けAIチャットサービスは裏側がOpenAIやAzure OpenAI ServiceのAPIを利用しているため出力精度はChatGPTと同等でありつつ、請求管理や利用モニタリングなどができるという利点もある。

▼ データ学習のリスクを回避するための3つの方法

　2つ目の著作権のリスクについては、まず文化庁や内閣府が公開している日本におけるAIと著作権の関係についての見解を抑えるところから始めたい。日本は諸外国と比べて著作権におけるAIへの規制は緩い国だと言える。以下の文化庁と内閣府の整理を一言でいうと、「人間のクリエイターと同じ考えをAIにも適用する」ものだと言える。まずAIと著作権の関係を考えるにあたって、（1）AIの開発・学習段階と（2）AIを用いた生成・利用段階の2ステップに分ける。

　（1）の開発・学習段階では人間のクリエイターが他クリエイターの作品を模写したりインスピレーションを得て学習するのと同様に、AIも著作物デ

ータから学習すること自体は原則著作権者の許諾なく利用することが可能
だと明言している。具体的にはMidjourneyやStable Diffusionなどの画像
生成AIやChatGPTなどのテキスト生成AIは多くの著作権データを学習して
いるがそれは全く問題ないという見解である。

そして、（2）のそうして学習したAIを用いて生成し利用する段階におい
ては通常の著作権侵害と同様の判断が適用される。つまり、生成物が既存
の著作物と著しく類似していたり、依拠性（既存の著作物を使って創作し
たこと）が認められれば著作権侵害が適用される可能性がある。

したがって企業の方針としては、MidjourneyやStable Diffusionなどの
生成AIツールそれ自体を禁止する必要はなく、生成段階で他者著作物を示
すようなプロンプトを入れることを避けたり、生成結果をチェックするな
どで生成物が既存の著作物に類似するリスクを最小化しながら使用すると
いう形になる。

▼ 文化庁や内閣府が公開しているAIと著作権についての整理

出所：文化庁「AIと著作権の関係等について」（2023年5月）https://www.bunka.go.jp/seisaku/bunkashingikai/chosakuken/bunkakai/68/pdf/93906201_09.pdf

3つ目の誤情報のリスクについては、ChatGPTをリサーチ目的に使わず、

代わりに6章で紹介したPerplexity AIを利用するようにし、参照リンクなどを通して必ずファクトチェックをすることを徹底したい。

4つ目のレピュテーションリスクは、著作権などの観点で法律的には問題なくても生成AIを利用することで業界やコミュニティーの反発を招くというリスクである。これは日本に限らず、エキストラがAIで代替されることや脚本作成がChatGPTなどに代替されることに危機感を持った全米俳優協会と全米脚本家組合が約4カ月という大規模なストライキを実行していたように世界的に起こっている事象である。レピュテーションリスクの軽減にあたっては、自社が属する業界やコミュニティーの空気感を読みながら、自社が大事にしたいステークホルダーの利益を損ねるものではないというプロダクト設計と対外メッセージの打ち出し、キープレーヤーの巻き込み、一定の反発を織り込んで対外的なリリースを出すなどの設計が求められる。

ステップ3:ツールの選定とプロンプト設計

業務領域の特定とガイドラインの整備ができたら、次に行うのが実際に業務を効率化するために「どの生成AIサービスを活用するのか」や「どういったプロンプトでそれを実現するのか」という設計だ。

例えば、要約や文章生成といったテキスト領域でも、代表的な米OpenAIの「GPT-4」や「ChatGPT」などの他に、長文の扱いが得意な米Anthropicの「Claude-2」、自社で一定のカスタマイズが可能なMetaの「Llama-2」なども有力な選択肢になり得る。

また、実務では1つの生成AIサービスに処理させた内容を別の複数の生成AIに処理を引き継いでアウトプットを作成する、という使い方もよくする。

また、使う生成AIツールが決まったら実際にどのようなプロンプトを設定し、どのような情報を変数として渡して処理をさせるかの設計に進む。これは俗にプロンプトエンジニアリングと呼ばれるプロセスで、6章で紹介したプロンプトテクニックを参考にしながら、社内で最もプロンプト使いがうまい人材を探して参画してもらい、最適なプロンプトを設計していくのが得策だ。

ステップ4:成果の測定

業務フローに生成AIを導入したら、実際にどれくらい業務が効率化したかを定量的に計測するのが重要だ。企業としてROIを把握しやすくなり、単

に既存の生成AIサービスを活用するべきか、後述する社内生成AIシステムを開発するかどうかなどの判断もしやすくなる。

ステップ5:システム化による組織内波及

　既存生成AIサービスを使った業務効率化にある程度慣れてくると、複数の生成AIシステムを自動化して処理をつなげたり、自社ならではの使い方にカスタマイズしたいといった要望が出てくることが多い。そうしたフェーズでは、それまでの知見を基に、ある程度の開発コストを投下して様々な生成AIのシステムを組み合わせながら自社に最適なシステムを構築することをお勧めしたい。

　これにより、一部手動として残っていた作業を完全に自動化できたり、プロンプトをインターフェースの裏側に隠せるようになることで、ナレッジ流出の懸念なく関係会社やフリーランスなどの社外の関係者にも活用の幅を広げて、オペレーション全体の効率を上げることが可能になる。

ステップ6:ベストプラクティスの共有

　ここまでのプロセスで達成した業務効率化の成果は、積極的に社内の他部署に共有していくべきだ。具体的な改善効果を知ることで他部署の活用モチベーションが上がるだけでなく、「この使い方を自部署に適応したらこう使えるな」という自発的な創意工夫を誘発できる。

アクション（5）メンバーを育成する

　具体的な業務プロセスの効率化に生成AIを活用することと平行で、社員の生成AIリテラシーを育成していくことも重要になる。なぜなら社員の生成AI活用レベルが上がって生産性が数十％でも向上すれば、会社全体の業績に与える影響はかなり大きなものとなるからだ。

　社員の生成AIリテラシーを高めるためのポイントは以下の3つになる。

▼ 社員の生成AIリテラシーを高めるための3つのポイント

ポイント 1

本の表紙ではなく
中身を読むことを促す

ポイント 2

生成AI時代にも
陳腐化しない
コアスキルを育てる

ポイント 3

社内の生成AIツールの
週次利用率（WAU）を
主要KPIとして
ウォッチする

ポイント（1）：本の表紙ではなく中身を読むことを促す

「表紙を読むだけではなく、中身を読む」とは、実際に生成AIツールを使ってみることだ。当たり前だと思うかもしれないが、意外と新しいサービスのニュースを追ってはいるものの、実際それらに触っている人は驚くほど少ない。

　それは例えると、本の新刊が大量に並ぶ書店を通り過ぎながら表紙だけを見て回り、実際に知識を得たような気分になっているのと同じだ。本当に知識を得るためには、表紙を眺めるだけではなく、実際にその本を手に取って中身を読み、気に入ったならば実際にお金を支払って購入し、自宅でじっくり読む必要がある。

　生成AIサービスとの付き合い方も全く同じだ。

　生成AI領域はとにかく新しいAIモデルやサービスのリリースが多いため、それらのニュースを追っているだけで生成AIに詳しくなったと錯覚しやすい。だが、そうではなく生成AIツールを実際に使ってみて、必要に応じて課金してより深く使ってみないことには、生成AIを本当の意味で知ることにはつながらない。

　会社のメンバーの生成AIリテラシーを上げようと思った際に、単に表紙を眺めるようなトレンドインプットにとどまらず、実際に生成AIサービスを触る時間をしっかり取れるように促すべきだ。

ポイント（2）：生成AI時代にも陳腐化しないコアスキルを育てる

　生成AI時代を見据えて社員の育成をする上で、生成AIによって様々な具体的スキルの価値が相対的に下がっていく可能性が高い。そんな中でも、陳

腐化しないコアスキルを同時に育てていくことが重要だ。

　では、そのコアスキルとは何か。一言でいうと、「クリエイティブディレクション」という能力だと考える。

　生成AIを使って何かをするという行為は、「自分の頭の中の理想を言語化して指示を出し、出てきたアウトプットに対して適切なディレクションと組み合わせをしながら最良の結果に導く」ということになる。それは、クリエイティブディレクターと呼ばれる職種の人々が行っている行為にとても近い。

　では、そのクリエイティブディレクション能力は何かというと、大きく以下の6つの能力に分解できる。

▼ クリエイティブディレクション力を構成する6つの能力

　まず、そもそも人々が熱狂するような理想を自身の頭の中に描く「理想力」。

　そして、その抽象的な脳内のイメージを適切にAIや人に伝えるための「感性の言語化力」と「引き出しの多さ」。

　それから、生成AIが無数につくるアウトプットから良いものを選び取る「目利き力」。さらに、複数のAIや、それらを取り巻く人たちをしっかりと協調させて同じゴールに向かって動かす「オーケストレーション力」も必要だ。

　そして最後に、AIがどのような良いアウトプットをつくっても、それを使って社内外、社会を熱狂させていくためには人間の持つ「ストーリーテリング力」が重要になってくる。

　こうしたクリエイティブディレクション力は、生成AIが発展して個別のスキルをAIが代替するようになっても陳腐化せず、むしろ生成AIが普及した社会ではより重要性が増すスキルだと考える。

　企業はこの力を鍛えるために、教育プログラムの提供やOJTでの育成などを行うことが大切になる。クリエイティブディレクションという能力は、

具体的なデザインやエンジニアリングのスキルとは異なり育成が難しい部類のスキルではある。だが、難しいお題から逃げた先に待っているのは、生成AI時代に活用の仕方が分からない無数の社員を抱えるという未来だ。企業は今のうちからこの難しいテーマに取り組むべきだと考えている。

ポイント(3):社内の生成AIツールの週次利用率(WAU)を主要KPIとしてウォッチする

全てのプロジェクトに共通して重要なのが、自分たちの活動を測るための指標を設定し、それによって自分たちの立ち位置を常にモニタリングすることだ。そうすることで、目標に向かい定量的に進めていくことができる。

メンバーの生成AIリテラシーを高めるための3つ目のポイントは、まさにそうした指標化を生成AIの浸透プロセスにも適用することである。

例えば、分かりやすい指標は、社内に導入している生成AIツール(多くの場合、それはGPTのAPIを用いた社内システムや企業向けChatGPTサービスだろう)を全社員のうち1週間に1度以上使っている人数の割合(Weekly Active User率:以降WAU率)だ。

そして自社のWAU率を以下の基準に基づいて評価し、以下の「OKライン」「Goodライン」「Greatライン」を順に達成できるように社内啓蒙を行っていく。

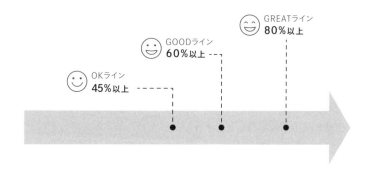

このWAU率を高めていけば、おのずと自社のメンバーの生成AIリテラシーは高まるはずだ。そして、このWAU率を高めるために有効な手法は以下の3点である。

▼ 社内の生成AIツールのWAU率を高めるための3つの手法

手法 1

定期的な勉強会

手法 2

社内メールマガジン

手法 3

用途別テンプレート

1つ目は、定期的な勉強会を開催するという方法。これはフェーズ（1）のアクション（3）で触れたコアチームが主体となって定期的に開催する社内勉強会において、お薦めの使い方や具体的なプロンプト、業務効率化を生んだ社内の事例を共有することで、メンバーに生成AIを使うメリットを実感してもらうのが目的だ。

2つ目の方法は、社内ニュースレターの活用。SaaSプロダクトとして考えると、ユーザーの利用率を高めるための定番の手法として、利用開始したユーザーに対して徐々にステップアップする内容のガイド的なコンテンツをニュースレターで届けることが多い。社内で生成AIのアクティブ率を高める上でも、ニュースレターでお薦めの使い方やプロンプトの情報を届けるという手法は有効に働く。

3つ目の方法は、用途別のテンプレートを用意してメンバーに共有すること。自社で利用する生成AIツールにそのようなテンプレートを登録してすぐに呼び出せるようにするのが望ましいが、それが難しい場合は共有ドキュメントにまとめてシェアするという方法も有効だ。こうした一連のポイントを押さえて、ぜひ組織の生成AI能力の育成を図っていってほしい。

アクション（6）組織生産性だけでなく、事業にも生かす

生成AIネイティブな組織にしていく上で、業務プロセスへの活用やメンバーの育成に加えて重要なのが、事業価値の創造にも生成AIを生かしていくことだ。事業価値の創造は具体的に、生成AIを用いた新規サービスの創出と、既存事業への生成AI技術の活用の2つに大きく分かれる。

前者に関しては2章で、後者についてはコラム2で解説しているので具体

的な中身はそちらを参照していただきたいが、組織に生成AIを浸透させていく上で重要な視点として、改めて指摘しておきたい。

「完全移行」フェーズ

ここまでのステップを実行すれば、現時点で考えられる範囲での組織への生成AIのインストールはかなり進むはずだ。ここからはより欲張って、インストールが大きく進んだ組織が次に目指すべきフェーズについても触れたい。本書は発行から年数が経って生成AIが今日より発展しても読まれ続ける一冊にしたいと考えており、その意味でも今後5〜10年スパンで企業に求められる変化についても解説する。

アクション（7）生成AI時代に最適な形に組織や働き方を変革し移行する

組織を生成AIネイティブにする最後のステップが、組織や働き方事態を生成AI時代に最適な形に変革することだ。では、生成AI時代に組織や働き方はどう変化し、企業にはどのようなテーマが重要になるのか。私は生成AI時代の組織づくりには、以下の4つの変化に対応することが求められるようになると考えている。

▼ 生成AI時代の4つの組織変化

① スモールチーム化	② 超多様性組織
③ 職種の大移動	④ AIによる意思決定

スモールチーム化

生成AIの発展に伴い、組織の運営も大きく変化するはずだ。かつて多くの従業員を必要とした事業やプロジェクトが、生成AIの進歩によって格段に少ない人手で運営できるようになる可能性が高いからだ。従来の大規模

な組織構造を見直し、より小規模で効率的なチーム編成へとシフトすることに成功した企業が成長する時代になるだろう。端的に言うと、社内にスタートアップ的なスモールチームを群として束ねるような組織力が求められるようになる。

そこでは従来のような専門スキルごとの縦割り組織ではなく、様々な職種の従業員同士のコラボレーションが重要になる。つまり、企業組織においては、よりフラットな組織構造が力を発揮するようになる。

また、AI技術の進歩は、中間管理職の役割を変える。従来の中間管理職は情報整理や利害調整が主な役割であったが、これらの作業はAIにより自動化・効率化され、「中間管理職」という存在の意味は薄くなっていく。

そのため、従来その職位についていた人々には新たなスキルが求められるようになる。それはスモールチームのマネージャーとして活躍することを意味するかもしれないし、企業の中の無数のスモールチームを有機的につなげるためのカタリスト的な役割を意味するのかもしれない。企業経営者は、この変化に対応するためにも、「中間管理職」の再教育に注力し、組織全体の柔軟性と適応力を高めることが求められる。

超多様性組織

生成AIによって言語の壁は究極的にはなくなるだろう。それを直感的につかめる事例として、米Movioが提供する「HeyGen」というサービスを紹介したい。

このサービスでは、事前に5分程度の自分が話している録画ビデオをアップロードしておくと、それ以降にテキストの原稿をアップロードするだけで自分の声で流暢に話す動画を生成できる。それも、英語やフランス語、日本語など様々な言語で生成できるのだ。音声が肝なので、詳しくは以下の私のX（旧Twitter）上での投稿を見ていただきたいが、こうした技術の先に待っているのは完全に言語の壁がなくなる世界だ。

オンラインではZoomなどのテレビ会議ツール上で、オフラインではARグラスなどのウエアラブルデバイスを通してリアルタイムに相手の声が自分の母国語で聞こえ、自分の発言した内容も相手にはその母国語で聞こえる、そんな世界がこの先5年以内には実現するだろう。

▼ X上でHeyGenを紹介した著者の投稿

 KAJI | 梶谷健人 ✔
@kajikent

HeyGenで自分のAIアバター作って、テキスト原稿つっこんだら超流暢に多言語で話す自分の動画が生成できた笑
1つ目が英語版、2つ目が同じ原稿の日本語版。

想像以上に自分の声でビックリ。

処理速度がリアルタイムになって、スマホの次のウェアラブルデバイス時代になったらリアル翻訳こんにゃく。

Translate post

https://twitter.com/kajikent/status/1717731682311397426

　今まで、日本企業は言語の壁によって海外の優秀な人材を雇用する機会を逃していたが、これからはその障壁がなくなる。しかし、言葉の壁はなくなるが、文化の壁はなくならない。今後、言語の壁を乗り越えて海外の優秀な人材を採用し活躍の場を提供する企業は成長する一方で、採用したものの文化や宗教上の違いを理解し受容することがうまくできない企業は大

きく出遅れることになるだろう。つまり、言語障壁がなくなることで、多様性の許容力が組織の競争力を決める大きなファクターの1つになる。

　多様性、ダイバーシティーが重要だと言われるようになって久しいが、本当の意味で多様性への対応力が求められ、その巧拙が企業の成長を左右する時代はもうすぐ来るだろう。

職種の大移動

　生成AI技術が発展する中で多くの職業は自動化される。マッキンゼー・アンド・カンパニーの調査レポート「Generative AI and the future of work in America」では、生成AIなどの技術発展による職種別の雇用の増減が詳細にシミュレーションされた結果が公開されている。

　それによると、マネージャー職はAIによる自動化の影響を受けづらく、むしろ生成AIでアウトプットが生み出されるスピードが早まる中で需要は増加する。一方で、事務職、カスタマーサポート、セールスなどの職業はAIによる自動化の影響を大きく受け、米国では2022年時点から2030年までにそうした職種の雇用が全体の約10％低下し、米国だけで約1000万人が別の職種へ移行するだろうという試算が出ている。

　つまり、生成AIによる自動化比率の高い職種の大移動が、これからの5年、10年というスパンで発生するということだ。大手であればあるほどこうした自動化される職種の従業員を多く抱えている企業が多いはず。また、レイオフを原則的に行えない日本においては、そうした大移動予備軍の職種のメンバーをそのまま抱えていくのか、今からリスキリングを通じて備えていくのかでかなり組織力に差が出ると思われる。

　具体的なリスキリングの方向性としては、本章のアクション（5）で解説したような内容になる。企業と経営者にとって、これを不都合な未来として目を背けるのか、組織をより生産的でクリエイティブにするための好機と捉えて対処するのかで、大きな分かれ目になるだろう。

AIによる意思決定

　生成AIや大規模言語モデルの発展によって、経営や組織上の意思決定のうちの一部をAIに委ねた方が合理的になるシーンは増えるだろう。業務を「ルーティンの度合い」と「認知的複雑性の高さ」で4象限に分けた場合に、非

ルーティン業務で認知的複雑性が高い業務に関しては、人とAIが協力して取り組むようになる。一方で、それ以外の領域はAIで自動化される時代になるだろう。

▼ 2軸でのAIによる自動化を選択するかどうかの判断

	認知的複雑性 が低い	認知的複雑性 が高い
ルーティン 度合いが低い	AIにより 自動化	人間とAIが 協力して取り組む
ルーティン 度合いが高い	AIにより 自動化	AIにより 自動化

著者作成

　組織上の意思決定のうち、AIによって自動化される可能性が高いものの具体例の一つが人事評価だ。特定の人間を他の人間が主観的に評価するよりも、その従業員のパフォーマンスを様々な活動データやアウトプットを基にAIで判断する方が合理的である、という判断を多くの企業が下すタイミングはいつか来る。

　これは特段SF的な話ではなく、既にAmazonではAmazon Flexと呼ばれる契約社員の勤務管理や人事評価をAIが行っている。AIの判断のみで人間の判断を介さずに解雇するということは実際に行われているのだ。

　企業の成長スピードを上げるため、従来は人間の聖域だと思われた意思決定にもAIを活用した方が合理的な場面は増えていくと思われる。そんな中、組織運営の観点で重要なのは、AIの意思決定に従業員がしっかりと納得感を感じるように設計することだ。

　人事評価のような利害関係が大きな場面では、アルゴリズムによって意思決定がなされることに対する拒否反応は大きいだろう。過去の研究

（Waardenburg et al. 2022）では、利害関係者がAIが生成する意思決定の基礎となるプロセスを理解していない場合、また特にその意思決定に同意できない場合、AIアルゴリズムの使用に抵抗する傾向があることが指摘されている。

　このうち、従業員が意思決定に同意するかどうかをコントロールすることは難しいが、AIの意思決定のプロセスや判断基準のブラックボックスを可能な限りなくして、場合によっては従業員が不公平感を感じないようにAIによる人事評価などのシステム設計に社員を関与させることも手だろう。

　このように従来は人間の聖域だと思われた意思決定にAIを活用していく場面は、今後5年、10年のスパンでは確実に増えていくと思われる。組織を運営する立場としては、それを忌避するのではなく、自社のメンバーの人間感情もしっかりと尊重した上でどのように受け入れていくかを設計していくべきだろう。

　生成AIによって変わる未来の組織の在り方を見据えながら、今からそこに向かって組織を着実にアップデートしていくこと。これが、これからの組織運営においては重要な要素になるはずだ。

コラム7 | XR／メタバースにおける生成AIの5つの役割

　生成AIブームの裏で、メタバースブームはすっかり勢いを失ってしまったように見える。しかし、昨今の生成AI技術の発展により、今までXR／メタバース領域で大きな課題とされたいた事項が1つずつ解消されつつあり、XR／メタバース領域が大きく立ち上がる素地が整いつつあるのはあまり知られていない。

　このコラムでは、XR／メタバース領域において生成AI技術が果たす5つの役割について触れながら、近い将来実現するであろうXR／メタバース世界の姿について考えていく。

　XR／メタバース領域において、生成AI技術が果たすと考えられる役割は以下の5つだ。

1. **毎回変化する体験の実現**
2. **同期的体験の過疎問題の解決**
3. **ユーザー投稿負荷の軽減によるCGMの実現**
4. **コンテンツ制作費のボトルネック解消**
5. **マルチモーダルで自然対話可能なインターフェースの実現**

　これから、その兆しとなる実際のサービス事例を紹介しながら1つずつ解説していく。

1. 毎回変化する体験の実現

　XR／メタバース体験のボトルネックの1つが、体験／コンテンツの更新性だ。

　制作コストが高いこともあり、ほとんどのXR／メタバース体験は一度つくられた体験から頻繁に更新されることはない。その結果、「1度体験したら満足されて終わり」というXR／メタバース体験が多い。

　そんな中で、XR／メタバース領域のスタートアップであるSensoriumは、AI

DJが作曲した音楽をプレーする24時間年中無休のメタバースライブ「Sensorium Galaxy」を展開している。完成度が高く毎回変化する音楽が流れる中、AIダンサーたちのパフォーマンスや空間演出を楽しめる。

出所：Sensorium Galaxy（https://sensoriumgalaxy.com/）

　訪れるたびに変化するサウンドとパフォーマンスを提供してくれるので、多くのメタバースが何度も体験させることに苦戦している一方で、Sensorium Galaxyは何度も訪れたくなる空間になっている。実際、同サービスは公開から2週間で400万回以上のアクセスを記録し、今なおユーザーを引き寄せる空間になっている。

　以下のURLから実際のライブ空間を観ることができるので、ぜひ1度見てほしい。

https://sensoriumgalaxy.com/streaming

2. 同期的体験の過疎問題の解決

　特にメタバースはその定義上、リアルタイムにつながる体験（＝同期的体験）に重きを置く。その結果、投稿など過去のユーザーの行動を後追いで楽しむことができるX（旧Twitter）やInstagramなどの非同期的体験よりも圧倒的に「過疎化しやすい」。

　そんな中で、生成AIスタートアップの米Inworld AIは大規模言語モデルを使い、事前に設定されたキャラの性格や背景ストーリーに基づいてプレーヤーと自然な対話が可能なNPC（例えばRPGゲームの村人）をゲーム内に簡単に実装できるサービスを提供している（Inworld AIは実際のゲームや体験にも取り入れられ始めており、2023年8月に5000万ドルを追加調達し、評価額5億ドルにまで大きくなっている）。この領域では、Inworld AI以外にも米Convai Technologiesなどが展開するサービスも伸びてきており、こうしたサービスによって同期的体験（＝リアルタイム体験）に重きを置きつつも過疎化しない、つまり寂しくないメタバース体験を提供することが可能になる。

▼ Inworld

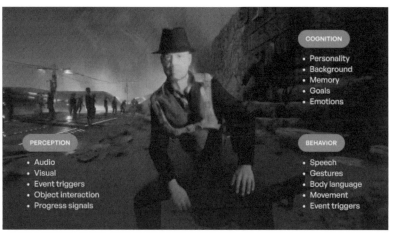

出所：Inworld（https://inworld.ai/）

3. ユーザー投稿負荷の軽減によるCGMの実現

XR／メタバース体験が本格的にメインストリームになるためには、InstagramやYouTubeなどのようにユーザー自身がコンテンツをつくり、それを他ユーザーが楽しむことが当たり前の状態、つまりCGM（Consumer Generated Media）になることが必要不可欠だ。

そして、そのためには3Dという複雑なメディアフォーマットでもユーザーが簡単に投稿できる状態、すなわち3D制作やワールド制作も誰でも簡単にできる状態を実現していく必要がある。

2Dモバイルゲームの領域で、「Roblox」はユーザーがつくったゲームを他ユーザーが遊べるCGMとして既に成り立っているが、さらにユーザー投稿のハードルを下げるべく、クリエイター向けツールに生成AI機能を導入することを2023年2月に発表した。クリエイターは、テキストで指示するだけで3Dモデルのテクスチャーやライティング、挙動を編集できる。

▼ OnCyber

出所：OnCyber（https://oncyber.io/ja）

また、NFTの3Dギャラリーとしてよく使われてる「OnCyber」（米oncyber）も生成AI機能を組み込み、テキストを打ち込むだけで3D空間内の装飾を編集できる機能を発表している。

　このようにユーザーが誰でも簡単にコンテンツを投稿できるようになれば、先述のXR／メタバース体験の更新性の問題も大きく解決されるはずだ。

4. コンテンツ制作費のボトルネック解消

　XR／メタバース領域のボトルネックの1つが、制作費の高さだ。

　私自身もXR／メタバース領域のスタートアップを経営していたので実感しているのだが、XR／メタバース領域で何かをつくろうと思うと、同規模のWeb／モバイルアプリプロジェクトに比べると（もちろん単純比較は難しいが）コストが平気で3～5倍はかかってしまう。

　この問題の解消に、生成AI技術は救世主になり得る。

「Promethean AI」（米Promethean AI）は、生成範囲をドラッグアンドドロップで指定し、プロンプトを入力するだけで簡単に高クオリティーの3Dワールドを構築できる。

▼ Promethean AI

出所：Promethean AI（https://www.prometheanai.com/）

　また、テキストプロンプトから3Dアセットを生成し、さらにテクスチャーなどの微調整も可能な「Kaedim」（英Kaedim）を筆頭に、XR体験のコンテンツ制作費を大幅に下げる生成AIサービスがいくつも登場してきている（Kaedimは裏側で人力によるモデル作成も組み合わせられている）。

　こうしたサービスによってXR／メタバース体験の構築費が1、もしくは2桁ほど安くなれば、普及のハードルは大きく下がるはずだ。

▼ Kaedim

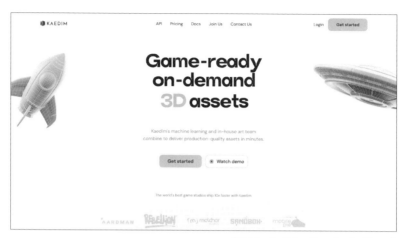

出所：Kaedim（https://www.kaedim3d.com/）

5. マルチモーダルで自然対話可能なインターフェースの実現

　XR／メタバース領域におけるインターフェースは、現状ユーザーにとって負荷の大きなポイントになっている。3次元空間での複雑な操作をポインターやハンドジェスチャー、声のみで操作するのはやや無理がある。

　その課題に対して、テキストや画像など複数種類のデータを扱えるマルチモーダルな大規模言語モデルは、より自然なインターフェースの実現に役立つ。

　個人デベロッパーのロニス・カンダル氏が提供している「Iris」というサービスでは、Siriのようにすぐに呼び出せるAIモジュールに画面の特定領域を指定して読み取らせることで、より自然なインタラクションを実現している。つまり、「これをこうして、それをああして」といた、「こそあど言葉」のインターフェースを実現しているのだ。

▼ Iris

出所：Iris（https://iris.ai/）

　また、5章で紹介したウエアラブルARデバイス企業Humaneでは、AIを内蔵したカメラ付きデバイスに食品をかざすだけで、アレルギーの判断を音声で教えてもらっている。

　このように、自然な形でマシンを操作するインターフェースが実現しつつあるのだ。

▼ Humane Ai Pin

出所：Humane（https://hu.ma.ne/aipin）

まとめ

　XR／メタバースが本格的に普及し、ビジネスや生活を変えるために実現すべきハードルは大きく3つある。

　「キラーユースケース」の発見、そして「コンテンツ制作費」の大幅軽減、最後に「普段使いできて十分なスペックのデバイス」の実現の3つだ。

　生成AIは、この中の1つ目と2つ目のハードル超えるために劇的に寄与できる可能性が高い。

　前述のように、生成AIはコミュニケーションに大きな変革を及ぼす。自然で柔軟な対話が可能なAIにより、「NPC」（非プレーヤーキャラクター）が劇的に進化を遂げるからだ。

　その結果、ゲーム領域だけでなく、「XR／メタバーススクール」や「XR／メ

タバースカウンセリング」「バーチャル彼氏／彼女」など多様な切り口で、かつ没入度の高いサービスが続々と開発され、多くの人が熱中するキラーユースケースの誕生につながる。

　さらに、XR／メタバース系のサービス開発に重くのしかかっていたコンテンツ制作費にも生成AIによって風穴が開くのは間違いない。

　既に、従来であれば大規模なチームでなければ開発できなかったクリエイティブを、生成AIを駆使して、少人数もしくはたった1人で生み出している事例も枚挙にいとまがない。クリエイターの裾野は大きく広がることにもつながり、さらにキラーユースケースを生み出す好循環となるはずだ。

　最後のデバイス面。Appleの「Vision Pro」が話題を呼んでいるが、着実に進化を遂げている。AppleやMeta、Nrealといった先行企業に加え、その他のスタートアップも開発を続けており、ハードルが解決されてくればXR／メタバースの本格的な普及の最後のピースになる。

　生成AI発展の道の先には、XR／メタバース世界の躍進が待っているのは間違いない。

おわりに

「生成AIについて経営者や事業リーダーが本当に必要としている一冊をつくる」

その志から本書の執筆に着手したが、その道程は想像以上に大変なものだった。そのチャレンジがどれほど成功したかは分からないが、本書を通して生成AIを活用することは今後の企業成長における必須条件だと感じてもらい、その具体的な取り組みのイメージが少しでも湧いたなら本書を書き上げたかいがあったと言える。

本書を読み終えて今日から何かアクションしようと決意した読者は、以下の4ステップを試してみることをお勧めしたい。

1. 本書で紹介した生成AIサービスを一通り試してみる
2. 6章で紹介した活用テクニックを普段の業務で活用してみる
3. 7章で紹介したロードマップで自社の組織に生成AIをインストールする
4. 2章〜5章で解説した内容を活かして生成AIネイティブな事業・サービスをつくる

どんな領域にも言えることだが、生成AIの領域でも知識として頭に入れるだけでなく、実際に手を動かして実践してみることで本当の意味での学びを得ることができる。

また、生成AI領域は進化が激しい領域である。その変化を追う上で土台となる知識は本書でカバーしたつもりだが、今後新たに抑えるべき情報や必要とされる考え方も多く出てくるだろう。進化の早い生成AI領域でこれからも情報を追う上ではぜひ私のX（旧Twitter）やnote、日経クロストレンドでの連載をフォローしていただけると幸いだ。

https://twitter.com/kajikent

https://note.com/kajiken0630

https://xtrend.nikkei.com/
authors/19/00555/

また、今回の執筆にあたっては多くの方々に助けられた。本書の編集を担当して下さった日経クロストレンド副編集長の森岡大地氏には、本書の企画段階から刊行まで多方面でサポートいただいた。本書が少しでも読みやすいと感じてもらえたなら、それは森岡氏の尽力によるところが大きい。本書の表紙や図版などの各種デザインは信頼するデザイナーである椡村秀冬氏にお願いした。特に表紙は、Adobe Fireflyで生成した画像を椡村氏が編集するという「人間とAIの共存」というテーマで素晴らしいものに仕上げてくれた。さらに、友人でエディンバラ大学大学院でAIの研究経験のある島田寛基氏には、本書の技術的な内容について非常に有益なレビューやアドバイスをもらった。

　また、本書の刊行にあたって対談をさせて頂いたエクサウィザーズの春田 真氏、コルクの佐渡島庸平氏、脳科学者の紺野大地氏、メルカリの石川佑樹氏、図版の作成をサポートしてくれた清水玲於奈氏、図版の整理や巻末特典の作成を手伝ってくれた弟の玲緒、年末年始の忙しい時期に本書の仮原稿を読んで貴重なフィードバックをくれた友人の田平誠人氏、岩橋史弥氏、三橋啓多氏、ズッカーマン励司氏にもお礼を言いたい。そして、本書の執筆のために半年近くの間ほとんど休みなく執筆に取り組んでいた自分を支えてくれたパートナーの麻衣子にも感謝を伝えたい。

　最後になるが、これほど社会における常識が覆るタイミングもそうそうない。AIの急速な進化によって社会や産業が大きく変容することを強いられ、その過程では様々な問題も出るだろう。しかし大局的に見れば、社会を良き方向へと動かすための良きパートナーとして人類はAIと付き合っていけると私は信じている。そして、皆さん自身もAIを良きパートナーとすることで、様々な可能性が開けていくことだろう。ぜひ本書の内容をヒントに、自分の親友とするべくAIに向き合っていっていただきたい。

巻末特典

生成AIは今までのAIと何が違うのか？
なぜいま盛り上がっているのか？

　生成AIの勢いは多くの人が感じている通りだが、多くの人は「生成AIは今までのAIと明確に何が違うのか」「なぜ今このタイミングで生成AIがここまで盛り上がっているのだろうか」という疑問を持つのではないだろうか。

　そこで本パートでは、上記2つの問いに答えるべく、生成AI技術の仕組みについて分かりやすく解説している海外の記事や動画などを参考にしながら解説をしていく。本コラムの解説は、あくまで分かりやすさを優先した単純化をしている旨は先に断っておきたい。本コラムの内容が気になった人は、コラム末尾にある参照リンクの内容を見てほしい。

生成AIと今までのAI技術との関係性

　まず生成AI技術とこれまでのAI技術との関係性を概観しておこう。

　広い意味でのAI技術として、データの特徴を学習してデータの予測や分類などの特定のタスクを行う機械学習が生まれ、その中でデータの特徴をマシン自体が特定するディープラーニング技術が発展した。そして、生成AIはこのディープラーニング技術の発展の延長上にある技術だといえる。

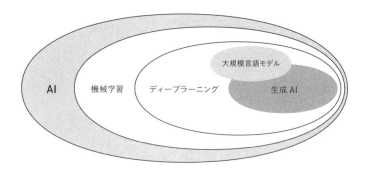

　また、「生成AI」という名称については、対比的な意味で使われている側面もある。

2022年に生成AIがブームになるまで、ディープラーニングにおいて人間と同等以上の成果を出せる領域としては認識や識別がメインだった。その時代のAIと明確に区別するために、AI自体で何かをつくり出すという性質から「生成AI」という呼び名が使われている。

▼ 対比としての「生成AI」

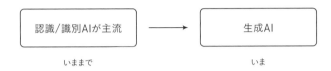

Generative AIに至るブレークスルーの概観

　詳細に入る前に、生成AIに至るブレークスルーを概観すると次ページの図のようになる。これから順を追って解説していこう。

▼ Generative AIに至るブレークスルーの概観

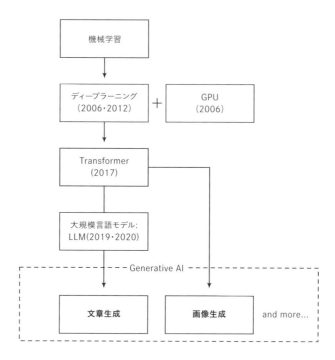

機械学習における「三位一体」

　まず、前提として機械学習における重要な要素は以下の3つだ。これは後述する大規模言語モデルにおいて重要な「べき乗則」の3要素とも対応している。

1.　　入力されたデータから望ましい出力に導くための「モデル」
2.　　学習のための「データ」
3.　　演算を支えるための「計算機」

　ディープラーニングの発展から生成AI発展に至るまでの道筋は、この機械学習における「三位一体」を前提に見ていくと分かりやすい。

▼ 機械学習における「三位一体」

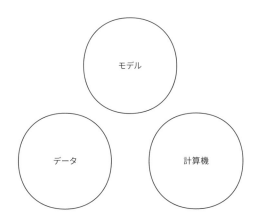

ディープラーニング発展の歴史をおさらい

　ディープラーニングは2000年代から存在していた。ディープラーニングの直接の起源は、AI研究の第一人者であるジェフリー・ヒントン氏が2006年に考案したスタックトオートエンコーダだと言われている。それ以前も、畳み込みニューラルネットワーク（CNN）は存在していたが、必要な演算能力が高いため実用的でなかった。

　つまり「モデル」の誕生に対して、「計算機」のピースが明確に欠けていた。

　この状況を変えたのが、2006年に米Nvidiaが発表したプログラミング言語の「CUDA」だ。これにより、GPUを汎用スーパーコンピュータとして利用できるようになった。

　そうして「モデル」と「計算機」がそろった2006年のタイミングから3年後の2009年、スタンフォード大学のAI研究者らが、コンピュータビジョンアルゴリズムの学習に使用されるラベル付き画像の「データベース」である「ImageNet」を発表した。

　そうして「モデル」「データ」「計算機」がそろい、ディープラーニングは円熟の時期を迎える。

　2012年の「ILSVRC」（画像認識の精度を競うAIの競技会）で、初出場したジェフリー・ヒントン氏のチームが他を圧倒して優勝したのだ。

当時、画像認識AIの精度は75％程度で、1年に1％改善するのが精一杯だった。そこから他のAIに比べて10％以上も高い驚異の精度を叩き出し、一気にディープラーニングブームが始まった。

ディープラーニングブームから生成AIに至るまでの大きな溝

しかし、当時のディープラーニングにも大きな限界があった。画像認識においては人間を上回る精度を出せるようになったが、自然言語処理（NLP）においてマシンに人間の言葉を理解させ、動作させるには大きな壁があったのだ。

なぜなら画像認識においては順序は関係ない（画像の中の猫はどこにいても猫）が、言語処理においては順序が重要（「わたしがAIについて学ぶ」と「AIがわたしについて学ぶ」は異なる）だからだ。

最近まで、データを時間的に処理し分析するために、リカレントニューラルネットワーク（RNN）や長期短期記憶（LSTM）のようなモデルが主に使われていた。

これらのモデルは、時系列データを扱えるという意味でこれまでのニューラルネットワークの手法に対して画期的であり、インターネット上の文章を人間が情報を付与するアノテーションが原則必要ないという意味でデータの問題もクリアしていた。だが、長い文章を扱うのは苦手で、SiriやAlexaのようなシンプルな音声アシスタントには向いていたが、それ以上のことをやろうとすると精度が全く足りないのが実態だった。

生成AIブレークスルー前夜の状況

こうして生成AIブレークスルー前夜の状況を整理すると、自然言語AIは、既に存在する「計算機」と「データ」を活用できる「新しいモデル」が足りない状態、つまりそれが最後のピースだったのだ。

全てを変えた「Transformer」の登場

そうした状況に風穴を空けるモデルが、Googleの言語翻訳研究チームから生まれる。

それが「Attention Is All You Need」という有名な論文で発表された「Transformer」だ。これが生成AIにおける大きなブレークスルーになった。

なぜGoogleの翻訳研究チームから生まれたかというと、彼らも翻訳という語順が重要な自然言語の問題に取り組んでいたからだ。

Googleの中から生まれた論文によってブレークスルーを迎えた生成AI。それを使ったChatGPTやBingAIなどが大きな脅威となって、Googleが社内に非常事態宣言を出すに至った状況を考えると、何とも皮肉が利いている。

「Transformer」の仕組み

「Transformer」の仕組みをざっくりと紹介すると、以下の3つが主な特徴になっている。だが、特に開発を行わない方は大筋の理解には影響しないので読み飛ばしてもらって結構だ。

1.   Embedding（埋め込み）：
       埋め込み（Embedding）とは入力されたトークン（≒単語）を自然言語処理ネットワークが扱いやすい低次元のベクトル空間へとマッピングするプロセスを指す。一言で言うと、言葉同士の意味の近さを数学的に表現しやすくするための処理である。

2.　　Multi Head Attention（マルチヘッドアテンション）：

　　　Transformerモデルでは自己注意機構（Self Attention）といって、一文の中の各単語が他の単語とどれくらい関係しているかの関連度スコアを計算する。そしてMulti Head Attentionでは、その関連度スコアを1種類だけ計算するのではなく、複数の異なるスコアリングを並列で行い、それらのスコアを最終的に統合することで各単語間の関係性を浮き彫りにし、例えば「The cat was hungry because it didn't eat anything.」という文章があった場合に、「it」という単語が「The cat」を指しているなど擬似的に文法を把握しているかのような処理を可能にする。

3.　　Feed Forward（フィードフォワード）：

　　　フィードフォワードとはディープラーニングにおいて出力層から入力層に向かって誤差逆伝播で学習するのとは反対に、入力層からネットワークの各層を順に通過し、出力を行う処理を指す。大規模言語モデルの性能を示す際によく用いられるパラメーター数の大部分はこのフィードフォワードプロセスの重みの数に当たり、インプットされた文章から次の単語の確率を出力するという、大規模言語モデルの処理の根幹をなす部分だ。

「Transformer」のインパクト

「Transformer」は、以下の2つの点で多くの言語問題を解決するのにぴったりのモデルだった。

1. 文章が長くなると精度が下がるRNNやLSTMと異なり、文章が長くなっても文脈を捉えたような処理が可能になった
2. 計算数が単語数に比例してしまうRNNやLSTMと異なり、分散学習を効率的に行えるモデルなのでGPUでの処理と相性が良い

　つまり1の特徴によって実用的な長さでの文章などの文字列の生成が可能になり、2の特徴によってGPUという計算機を用いることができるようになった。これで「モデル」「データ」「計算機」の3つがそろったのだ。

「翻訳」の再解釈

ここで面白い再解釈が起きる。

翻訳というのは、日本語から英語など異なる言語間であるという必要もない。日本語と日本語の間など、同じ言語間の翻訳でもよいのだ。

例えば、長い日本語のエッセイをいくつかの短い段落に要約する、であったり、プロダクトに関するレビューをそれが肯定的か否定的かを判断する、などだ。それがまさに現在テキスト生成と呼ばれるものだ。

OpenAIによるGPT-2のリリース（2019）

こうした発想に基づき、OpenAIはTransformerを活用した大規模言語モデル「GPT-2」を開発する。

ChatGPTにも用いられている「GPT」とは「Generative Pre-trained Transformer」の略で、「生成に使える事前学習されたTransformer」という意味だ。名前を見るとTransformerがいかに重要なピースかが分かる。

そしてGPT-2は、それまでの基準からすると驚くほどリアルで人間のようなテキストをセンテンスレベルではなく、段落レベルで生成可能になった。しかし、テキストが長くなると破綻したり、プロンプトの柔軟性がなかったりとまだ課題も多かった。

GPT-3への進化（2020）

真に生成AIのブレークスルーが起きたのは、GPT-2からGPT-3に進化したタイミングだ。GPT-2のパラメーターが約15億個だったのに対して、GPT-3はその100倍で約1750億のパラメーター数になった。

そして、GPT-3はGPT-2よりはるかに優れており、人間が書いたものとほとんど見分けがつかないようなエッセイを丸ごと書けるようになった。

GPT-3リリース時に英国の大手メディアである「The Guardian」がGPT-3によって執筆された記事を公開して、大いに話題になったのは記憶に新しい。

このように、学習のデータセットサイズ、計算資源、モデルのパラメーター数のそれぞれを上げていくと精度が上がる法則は「べき乗則（Scaling Raw）」

と呼ばれており、GPT-3への進化はその最たる例である。ちなみに、このべき乗則もGPT-4で限界を迎えたと、OpenAI CEOのサム・アルトマン氏自身も語っている。今後は、MetaのLlama 2のように学習データサイズは増やしつつパラメーター数は押さえて早い推論が行えるようなモデルの小型化や、「Attention Free Transformer」のような従来のTransformerに代わる新しいモデルの開発がトレンドになっていくであろうことは補足しておく。

研究者の想定を超えたGPTの進化

　モデルを大きくすることで、単にテキストを生成する能力が向上するだけではなく、リクエストを入力するだけでパラグラフを要約したり、文章を特定のスタイルに書き換えることができるようになった。これは正直、OpenAIの研究者たちも想像していなかったようだ。
　そして、GPT-3は単一目的の言語ツールを超えて、様々な用途に使えるツールになった。
　従来は基本的にタスクごとにモデルの学習が必要だった。だが、GPTなどのTransformerを活用したAIモデルにおいては、モデルを固定してプロンプトの形で指示を変えるだけで様々なタスクに対応できる汎用モデルとなった。

Generative AIに至るブレークスルーの概観の再掲

　こうしてディープラーニングの流れから生まれた「Transformer」によって全てが変わり、それを用いて生まれた大規模言語モデル「GPT」によって様々な文章生成ができるようになった。
　しかし、いま生成AIと言ったときに指すのは文章だけではなく、画像も含まれる。次に画像生成に至る流れも見ていこう。

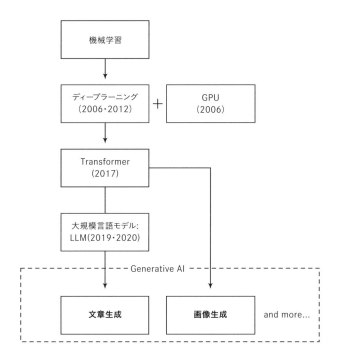

▼ Generative AIに至るブレークスルーの概観

画像生成AI誕生の流れ

　Transformerによって大規模言語モデルが生まれ、それによって文章生成が花開いていったが、画像生成はそれとは別のルートでTransformerを活用することで発展した。

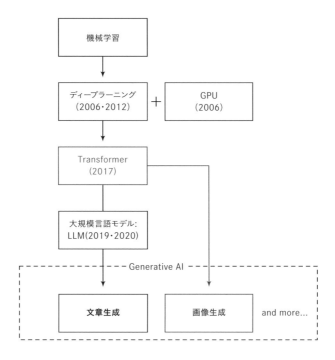

画像にも使えるTransformer

翻訳とは、抽象化するとある並びの記号の集合から別の並びへのマッピングだ。つまり、言語と同じ方法でそのメディアを表現する方法を見つけ出せれば、その言語間で翻訳を行うためにトランスフォーマーモデルを活用できる。そして、それがまさに画像生成で起こったことだ。

画像を言語と同じ概念として扱い"マッピング"する

ディープラーニングによって、基本的な線や形、パターンなどの語彙を基本構成要素として画像を捉えることがきるようになった。つまり、ディープラーニン

グは画像の「言語」の表現を解明したといえる。

　そして、画像が「言語」であるならば、Transformerによって「翻訳」が行える。

　そうして、画像から重要な特徴を抽出し、それを座標空間にプロットし（これがEmbeddingに当たる）、その座標空間を移動することで画像を描くことが可能になったのだ。つまり、AIにとって「画像を描くとは、座標空間内を移動すること」となった。

▼ 画像を言語として扱い"Transform"する

ディープラーニングは画像の「言語」の表現を解明した。基本的な線や形、パターンなどの語彙を基本構成要素として画像を捉える。画像から重要な特徴を抽出し、それを座標空間にプロットし、その座標空間を移動することで画像を描くことが可能に。AIにとって「画像を描くとは、座標空間内を移動すること」となった。

著者が作成したイメージ図

インターネット上に豊富にあるラベル付き画像

　インターネット上には、それが何の画像なのかを補足説明する「Alt Text」という形でラベル付き画像が豊富にある。それによって、OpenAIは画像とテキストの世界を行き来するための膨大なデータセットを構築することができ、モデル、データ、計算機が一体となり、画像をテキストに変換するDall-Eが誕生した。

拡散モデルによる発展

　現在画像生成AIとして広く使われているStable Diffusionも、Text Encoder
と呼ばれる部分でTransformerを用いている。そしてStable Diffusionは拡散
モデルと呼ばれる手法をかけ合わせることによって、単にTransformerを用い
る以上にクオリティーの高い画像を生み出すことに成功している。

　拡散モデルとは簡単にいうと、テキストとペアになったある画像に対して徐々
にノイズをかけていき、AIにそのノイズが乗った画像から元画像を予測させる
という学習をしていくモデルを指す。これによりテキストを入力すると、粗いノ
イズ画像が生成され、それが徐々にきれいな画像に生成されているという挙動が
実現できる。

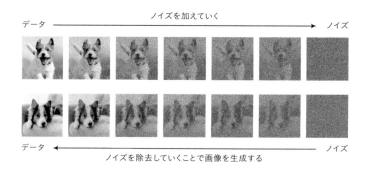

著者が作成したイメージ図

DeepLearningとTransformerが生成AIのブレークスルーを生んだ

　まとめると、画像を含めて様々なメディアの「言語」を学習するディープラー
ニングと、そうした言語間の「翻訳」を可能にしたTransformerの2つが組み合
わさることで、今日のGenerative AIにおけるブレークスルーが生まれたのだ。

▼ Transformerの言語領域以外への拡張

画像を含めて様々なメディアの「言語」を学習するディープラーニングと、そうした言語間の「翻訳」を可能にしたTransformerの2つが組み合わさることで今日のGenerative AIにおけるブレークスルーが生まれた。

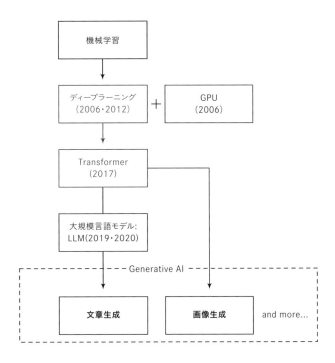

このブレークスルーは文章や画像にとどまらない

そして、この生成AIのブレークスルーは文章や画像にとどまらない。言語のような構造で対象を表現する方法と、それを学習するためのデータセットがあれば、Transformerはルールを学習して、言語間の翻訳を行える。

例えば、GitHub Copilotは英語と様々なプログラミング言語の間を「翻訳」することで、エンジニアに対してコードのレコメンドやアドバイスを行うことを可能にした。また、Googleの「AlphaFold」は、DNAの言語とタンパク質配列の間の「翻訳」を行うことでバイオテックの研究スピードを加速させている。こ

のように生成AIは無限の可能性を秘めているのだ。

参考文献

Ashish Vaswani et al.（2023），「Attention Is All You Need」,arXiv:1706.03762v7
https://arxiv.org/abs/1706.03762

Ars Technica,「The generative AI revolution has begun — how did we get here?」
https://arstechnica.com/gadgets/2023/01/the-generative-ai-revolution-has-begun-how-did-we-get-here/

FINANCIAL TIMES,「Generative AI exists because of the transformer」
https://ig.ft.com/generative-ai/

The AI Hacker,「Illustrated Guide to Transformers Neural Network: A step by step explanation」
https://www.youtube.com/watch?v=4Bdc55j8ol8

Pengfei Liu et al.（2023），「Pre-train, Prompt, and Predict: A Systematic Survey of Prompting Methods in Natural Language Processing」,ACM Computing Surveys,Volume 55,Issue 9,Article No.: 195,p1-35
https://dl.acm.org/doi/full/10.1145/3560815

Shuangfei Zhai et al.（2021），「An Attention Free Transformer」,arXiv:2105.14103
https://arxiv.org/abs/2105.14103

注目の生成AI関連
スタートアップリスト

　企業が生成AIを活用する際に、以下の2つの理由からグローバルの主要プレーヤーを押さえておくことは非常に重要だ。1つには自社で生成AIサービスを開発する際に、生成AIサービス開発向けの強力な開発基盤を利用しないのは非効率になってしまうという理由。そしてもう1つは、生成AI領域の新規事業アイデアを考える際に、海外で先行して成功している企業からインスピレーションを得るという方法は非常に有効だからだ。

　そこで、以下に影響力を持つ有力なベンチャーキャピタル（VC）やアクセラレーター、GAFAMなどのビックテックから調達している生成AI領域のスタートアップをまとめた。ぜひ上記観点で参考にして欲しい。

※調達額や評価額などの情報は2023年11月時点の情報（各社報道ベース）

Anthropic	注目の調達先	Google、Amazonなど
	カテゴリ	#BtoB、#LLM、#Chatbot、#Ethics
	累計調達額	16億ドル
	推定評価額	44億ドル
	URL	https://www.anthropic.com/

責任あるAIの使用を目指して、汎用人工知能と大規模言語モデルの開発を専門とするAIスタートアップ企業兼公益法人。大規模言語モデルの「Claude 2」を公開しており、SlackやNotion、Zoomなどに導入されている。

出所：Anthropic（https://www.anthropic.com/）

AI21 Labs

注目の調達先	Google、Nvidiaなど
カテゴリ	#BtoB、#LLM
累計調達額	2.8億ドル
推定評価額	14億ドル
URL	https://www.ai21.com/

「Jurassic-2」などの大規模言語モデルや、ライティングアシスタントツールの「wordtune」などを展開している。ChatGPT登場以前は、OpenAIのライバル企業としてよく名前が挙がっていた。Amazonの生成AI活用基盤の「Bedrock」との連携を発表するなど、エンタープライズビジネスに力を入れている。

出所：AI21 Labs（https://www.ai21.com/）

Cohere

注目の調達先	Nvidia
カテゴリ	#BtoB、#LLM
累計調達額	4.6億ドル
推定評価額	22億ドル
URL	https://cohere.com/

RAGと呼ばれる、外部知識を大規模言語モデルに参照させて企業データに基づいた正確な会話を実現するチャットボットやナレッジアシスタントを構築できるCoralというシステムを提供する企業。巻末特典（1）で紹介した「Attention Is All You Need」の論文著者の1人がファウンダー。

出所：Cohere（https://cohere.com/）

Ada

注目の調達先	Accel Partners、Tiger Globalなど
カテゴリ	#BtoB、#SaaS
累計調達額	1.9億ドル
推定評価額	12億ドル
URL	https://www.ada.cx/

GPTベースのAIを活用して、自社の情報に基づいて顧客と自然な会話ができるチャットボットサービスを提供。MetaやSquare、Shopifyなどの大手が導入しており、大幅なコスト削減、問い合わせ対応スピード向上の効果あり。

出所：Ada（https://www.ada.cx/）

AlphaSense

注目の調達先	Goldman Sachsなど
カテゴリ	#SaaS、#Productivity、#Marketplace
累計調達額	6.2億ドル
推定評価額	18億ドル
URL	https://www.alpha-sense.com/

膨大なマーケットレポートや経済ニュースから企業分析のインサイトレポートを自動でまとめ、コンサルティング企業や投資会社向けに提供するサービスを運営。Microsoft、J. P. Morgan、Googleなどの大手企業と提携しており、S&P100の企業のうち85％が同サービスを導入している。

出所：AlphaSense（https://www.alpha-sense.com/）

Character.AI

注目の調達先	Andreessen Horowitz等
カテゴリ	#Chatbot、#Creator_economy
累計調達額	1.5億ドル
推定評価額	10億ドル
URL	https://beta.character.ai/

ユーザーがオリジナルでGPTベースのAIキャラクターを手軽に作成でき、他ユーザーがそうしてつくられた様々なジャンルのAIキャラクターとチャット形式で話せるプラットフォームを提供。約半数近くがZ世代のユーザーであり、平均セッション時間は30分とかなりユーザーを引き付けているサービスになっている。

出所：Character.AI（https://beta.character.ai/）

Runway

注目の調達先	Google、Nvidia
カテゴリ	#Video、#Creator_tools
累計調達額	2.3億ドル
推定評価額	15億ドル
URL	https://runwayml.com/

テキストや画像から動画を生成できる「Gen-2」や、オブジェクト消去やスローモーション化などAIを用いた動画編集機能を集約した「Runway」を提供している。GoogleやMicrosoft、New Balanceなどのグローバルブランドから、R/GAやOgilvyなどの世界的なクリエイティブ・エージェンシーに導入されている。

出所：Runway（https://runwayml.com/）

Descript

注目の調達先	OpenAIなど
カテゴリ	#Creator_economy、#Video
累計調達額	1億ドル
推定評価額	5~10億ドル
URL	https://www.descript.com/

生成AI技術と自然言語処理を活用した動画・ポッドキャスト編集サービスを提供。動画やポッドキャスト音声を自動で文字起こしし、書き起こしたテキストを削除すると自動で動画の該当箇所がトリミングされたり、テキストを書き換えると発話者の声で自動で発話生成して差し替えたりと、高度な編集が可能。HubSpot、Shopifyなどの大手企業に導入されている。

出所：Descript（https://www.descript.com/）

Eightfold AI

注目の調達先	Lightspeedなど
カテゴリ	#BtoB、#Database
累計調達額	3.96億ドル
推定評価額	21億ドル
URL	https://eightfold.ai/

企業の採用担当者や人事担当者向けに、AIを活用して求職者の適性を判断することをサポートをするCopilot的な人事サービスを提供。Vodafoneやゲームソフト開発会社のActivisionなど、現在1000社以上の顧客がこのシステムを利用している。

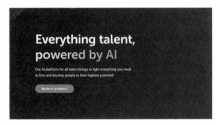

出所：Eightfold AI（https://eightfold.ai/）

Glean

注目の調達先	Kleiner Perkins、Sequoia、Lightspeedなど
カテゴリ	#Productivity、#BtoB、#SaaS、#Big Data
累計調達額	1.55億ドル
推定評価額	10億ドル
URL	https://www.glean.com/

大規模言語モデルとGoogle DriveやConfluenceなどの様々なSaaSサービスを連携し、自然言語で社内の情報を質問すると関連した社内ドキュメントを基に回答してくれるサービスを提供。Canva、grammarly、Okta、Duolingo、Amplitudeなどの大規模スタートアップが既に導入している。また、Gleanのユーザーは平均して毎日5回検索をしており、週に2~3時間の労働時間の節約をしているという（glean算出）。

出所：Glean（https://www.glean.com/）

Ironclad

注目の調達先	Y Combinator、Accel Partners、Sequoiaなど
カテゴリ	#BtoB、#Productivity、#AI_Assistant、#Writing
累計調達額	3.34億ドル
推定評価額	32億ドル
URL	https://ironcladapp.com/

AIを用いてビジネス契約書のワークフローを自動化し、契約書の作成、契約書のレビューなどをAIが自動で行うソリューションを提供。化粧品企業のL'ORÉALやMastercardなどの大手企業に加え、DropboxやZoomなどの大手テック企業も導入している。

出所：Ironclad（https://ironcladapp.com/）

Jasper

注目の調達先	Y Combinator等
カテゴリ	#Productivity、#Writing
累計調達額	1.31億ドル
推定評価額	15億ドル
URL	https://www.jasper.ai/

テキストプロンプトから、ブログ記事やマーケティングコピーを生成できるAIライティングツールを提供。様々な用途に対応したテンプレートも豊富に提供している。既に10万人以上のユーザーが利用しているという。

出所：Jasper（https://www.jasper.ai/）

Moveworks

注目の調達先	Kleiner Perkins、Lightspeed、Tiger Globalなど
カテゴリ	#BtoB、#SaaS、#Enterprise、#AI_Assistant、#Productivity
累計調達額	3.05億ドル
推定評価額	21億ドル
URL	https://www.moveworks.com/

SAPやOracleなどの基幹システムから、ドキュメンテーションサービスのConfluenceやカスタマーサポートサービスのZendeskなどのSaaSに至るまで様々な社内システムと連携し、社内IT部門担当者や人事、経理などに代わってAIが社員の質問や要望に答えるサービスを提供。Coca-Cola ConsolidatedやBroadcomなど、300社以上の企業と提携している。

出所：Moveworks（https://www.moveworks.com/）

Pinecone

注目の調達先	Andreessen Horowitz、Tiger Globalなど
カテゴリ	#BtoB、#SaaS、#Database
累計調達額	1.38億ドル
推定評価額	7.5億ドル
URL	https://www.pinecone.io/

大規模言語モデルや機械学習の開発に最適なベクトルデータベースを提供。Zapier、HubSpot、Shopifyなど大手企業が導入している。

出所：Pinecone（https://www.pinecone.io/）

Replit

注目の調達先	Andreessen Horowitz、Khosla Venturesなど
カテゴリ	#BtoB、#Developer_tools
累計調達額	2.2億ドル
推定評価額	12億ドル
URL	https://replit.com/

ブラウザ上で即座にコードを実行できるIDE（統合開発環境）を提供。50以上の言語をサポートし、コード補完やコード生成など、コーディングを支援する様々なAI機能を搭載している。2000万人以上の開発者が既にReplitを使用している。

出所：Replit（https://replit.com/）

Stability AI

注目の調達先	Lightspeed
カテゴリ	#Creative_tools、#LLM
累計調達額	1.7億ドル(?)
推定評価額	(?)
URL	https://stability.ai/

画像生成AIのStable Diffusionや大規模言語モデルのStable LM、音楽生成モデルのStable Audioなどを開発する。Coca-ColaのCMやNetflixの短編アニメーション「犬と少年」に使用されるなど、活用事例も増えている。

出所：Stability AI（https://stability.ai/）

Scale AI

注目の調達先	Y Combinator、Founders Fundなど
カテゴリ	#BtoB
累計調達額	6.02億ドル
推定評価額	73億ドル
URL	https://scale.com/

AI開発企業向けにデータの収集・アノテーション・クリーンアップなどを一気通貫で行うサービスを提供。Microsoft、Meta、TOYOTA、Accentureなど、大手企業が導入している。

出所：Scale AI（https://scale.com/）

Synthesia

注目の調達先	Google、Accel Partners、Kleiner Perkins、NVentures（Nvidia）など
カテゴリ	#BtoB、#SaaS、#Video
累計調達額	1.56億ドル
推定評価額	10億ドル
URL	https://www.synthesia.io/

主に社内研修やマーケティング素材などの用途で、テキスト原稿を入力するだけで人間のように自然なAIアバターが話している動画を生成できるサービスを提供。Johnson & JohnsonやAmazonなど、Fortune100の3分の1以上の大企業を含む5万社以上が導入しているという。

出所：Synthesia（https://www.synthesia.io/）

Typeface

注目の調達先	Lightspeed、Googleなど
カテゴリ	#BtoB、#Marketing
累計調達額	2億ドル
推定評価額	10億ドル
URL	https://www.typeface.ai/

企業が自社ブランドのブログ記事、マーケティングコピー、商品紹介画像などのコンテンツを高速で生成することを可能にするAIサービスを提供。ブランドのトーン＆マナーや商品情報などを学習して、企業ごとに最適化されたコンテンツ生成を行える。

出所：Typeface（https://www.typeface.ai/）

Weights & Biases

注目の調達先	NVentures (Nvidia)など	
カテゴリ	#BtoB、#Developer_tools、#Machine_learning	
累計調達額	2.5億ドル	
推定評価額	12.5億ドル	
URL	https://wandb.ai/	

開発者がより優れた機械学習モデルをつくるための実験管理、データセットのバージョン管理、モデルのパフォーマンス評価などができるMLOpsプラットフォームを提供。OpenAI、Stability AI、Nvidiaなど機械学習分野のトップ企業が利用している。

出所：Weights & Biases（https://wandb.ai/）

Inflection AI

注目の調達先	NVentures (Nvidia)、Google、Microsoftなど	
カテゴリ	#SaaS、#Chatbot	
累計調達額	15億ドル	
推定評価額	40億ドル	
URL	https://inflection.ai/	

コーチ、相談相手、アシスタントなど様々な形でパーソナルAIを提供する。ChatGPTなどの他の大規模言語モデル搭載チャットに比べてフレンドリーな会話ができるという。Linkedinの創業者で元CEOであるリード・ホフマン氏とDeepMindの共同創業者が2022年に立ち上げた会社で、創業約1年で累計15億ドルを調達するなど注目されているAI企業である。

出所：Inflection AI（https://inflection.ai/）

Hugging Face

注目の調達先	Google、NVentures（Nvidia）、IBMなど
カテゴリ	#SaaS、#API、#Machine_learning、#Creator_economy
累計調達額	3.6億ドル
推定評価額	40億ドル
URL	https://huggingface.co/

学習済みのAIモデルやデータを共有、利用することができる開発者向けのプラットフォーム「Hugging Face」を展開している。既に1.5万社以上が同プラットフォームを利用している。

出所：Hugging Face（https://huggingface.co/）

Adept

注目の調達先	NVentures（Nvidia）、Microsoftなど
カテゴリ	#Productivity、#Chatbot、#AI_assistant、#SaaS
累計調達額	4.15億ドル
推定評価額	10億ドル
URL	https://www.adept.ai/

様々なソフトウエア、アプリ、サービス上でユーザーがテキストで指示するだけでデータ入力やクリックなどの複雑な操作を代わりに行うAIモデルを開発している。現在はデモ版のChrome拡張機能が公開されており、キャンプ場予約サイトで指定された日程からAIが自動で空き状況を調べるなど、特定タスクでの機能が公開されている。

出所：Adept（https://www.adept.ai/）

Gong

注目の調達先	Sequoiaなど
カテゴリ	#BtoB、#SaaS、#AI_assistant、#Voice
累計調達額	5.83億ドル
推定評価額	73億ドル
URL	https://www.gong.io/

メールや電話など様々なチャネルにおける自社のセールスと顧客のやり取りをAIが分析し、顧客インサイトの抽出やセールストークの改善提案などのセールスイネーブルメント機能を搭載したサービスを提供。LinkedIn、Shopify、Snowflakeなどの企業が利用している。

出所：Gong（https://www.gong.io/）

AI関連ニュースレターの
お勧めリスト

　日々動きの激しいAI領域においては膨大な情報を一つ一つ自力で追いかけることは困難であるため、AI関連のニュースをまとめたニュースレターを購読して効率的に情報を得ることをお勧めする。

　以下のAI関連ニュースレターは全て英語圏のものになるが、各配信はWebページで開けるため、AI翻訳ツール「DeepL」のWebページ全体翻訳機能などを活用すれば、日本語でも理解することが可能だ。

Ben's Bites

お勧め度合い：★★★
AI領域に関するニュースレターとして最も有名なニュースレターの1つ。基本、AI関連のニュースや新しいサービスはこのニュースレターを見ておけば押さえられる。

出所：Ben's Bites（https://bensbites.co/）

NLP NewsLetter

お勧め度合い：★★☆

自然言語処理（NLP）や機械学習の最新論文を分かりやすく簡潔に紹介してくれるニュースレター。現在は、大規模言語モデルに関係する論文の紹介が多く、新しいモデルやプロンプト手法の登場をいち早く押さえることができる。

出所：NLP NewsLetter（https://nlp.elvissaravia.com/）

TLDR AI

お勧め度合い：★★☆

AI領域の最新ニュースがそれぞれ1ツイート分くらいの簡潔な文章で平日毎日届くニュースレター。AI以外にも様々なジャンルのものがあるが、「TLDR AI」はAI関連のトピックに特化してニュースを要約して届けてくれる。

出所：TLDR AI（https://tldr.tech/ai）

SemiAnalysis

お勧め度合い：★★☆

半導体のサプライチェーンに特化したコンサルティング会社の
SemiAnalysisが運営するニュースレター。AIと関係性の深い半導体関連の
動きを押さえることができる。

出所：SemiAnalysis（https://www.semianalysis.com）

SEMAFOR Technology

お勧め度合い：★★☆

ニュースメディア「SEMAFOR」が運営するニュースレターで、テクノロジ
ー関連のトピックにフォーカスしたもの。最新テックの全体観をつかめる
だけでなく、骨太のインタビュー記事も定期的に届くのが魅力。

出所：SEMAFOR Technology（https://www.semafor.com/newsletters）

TLDR

お勧め度合い：★☆☆

上で紹介したTLDR AIの本家ニュースレター。テクノロジー全般の注目ニュースがそれぞれ簡潔な文章で要約された形で平日毎日届く。

出所：TLDR（https://tldr.tech/）

The Rundown AI

お勧め度合い：★☆☆

X（旧Twitter）で有名なAIインフルエンサーのローワン・チェン氏が運営しているニュースレター。やや過激な表現も見受けられるが、AI領域の最新の動きを押さえる上では参考になる。

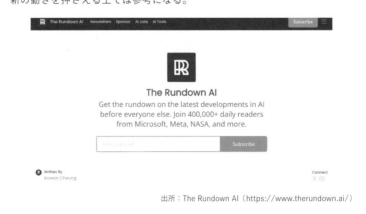

出所：The Rundown AI（https://www.therundown.ai/）

Superpower Daily

お勧め度合い：★☆☆

The Rundown AIと類似のトレンド紹介系のニュースレター。The Rundown AIとは別角度のサービスや論文の紹介も多く、セットで目を通しておくのがお勧めだ。

出所：Superpower Daily（https://www.superpowerdaily.com/）

Future Tools

お勧め度合い：★☆☆

毎週5つのAIツール解説、3つのAI関連ニュース記事、3つのAI関連動画をレコメンドしてくれる。特にここで紹介されるAIツールの中には、まだ知られていないが有用なツールも含まれるためお勧め。

出所：Future Tools（https://futuretools.beehiiv.com/）

TWiST Ticker

お勧め度合い：★☆☆

上で紹介したTLDR的なテクノロジー全般のニュースを短い文章にまとめて
配信しているニュースレター。TLDRなどのニュースレターと合わせて購読
すると、情報に漏れがなくなりやすい。また、同じイベントでも別角度で
解説しているニュースを読むことも有効なので活用したい。

出所：TWiST Ticker（https://twistticker.substack.com/）

The Algorithmic Bridge

お勧め度合い：★☆☆

AI領域のニュースやトピックに関しての考察記事が多めのニュースレター。
トレンドを単に追うだけでなく、そのニュースの背景にある企業の意図や、
今後の動きの予想を立てる上で参考になる。

出所：The Algorithmic Bridge（https://thealgorithmicbridge.substack.com/）

The Download

お勧め度合い：★☆☆

MIT Technology Reviewが発行しているニュースレター。AI以外の技術領域に関する情報も多いが、今後AIは様々な先端技術領域と組み合わさって発展していくため、広く最新の技術を押さえるために購読するといい。

出所：The Download（https://www.technologyreview.com/topic/download-newsletter/）

Exponential View

お勧め度合い：★☆☆

先端テクノロジーのトピックに関して、骨太な考察や論考を展開するニュースレター。有料版を購読せずとも無料版で公開されている範囲を読むだけでも十分参考になる。

出所：Exponential（https://www.exponentialview.co/）

著者略歴

梶谷健人 （かじたに・けんと）
株式会社POSTS 代表取締役CEO
株式会社VASILYにてグロースや広告事業を担当し、共著「いちばんやさしいグロースハックの教本」（インプレス）を出版。フリーランスとして大手ブランドやスタートアップの新規プロダクト立ち上げとサービスグロースを支援。2017年にXR/メタバース領域のスタートアップMESONを創業。大手通信キャリアや大手アパレル企業などと共同でのサービス開発や、独自のXRフレームワークの開発などの事業を展開。その後POSTSを創業し、現在は生成AIなどの先端テクノロジーやプロダクト戦略を軸にしたアドバイザーとして10社以上の顧問に従事。X（Twitter）：@kajikent

日経クロストレンド
「マーケティングがわかる　消費が見える」を編集コンセプトとするオンラインビジネスメディア。顧客相手のビジネスを展開している限り、携わるすべての人が「マーケター」です。顧客に寄り添い、課題を解決するヒントを探るべく、日経クロストレンドでは、マーケターのためのデジタル戦略、消費者分析、未来予測など、多彩なテーマの記事を平日毎日お届けします。また、第一線で活躍するマーケターを招いた各種セミナーイベントも定期的に開催。あらゆるマーケティング活動やイノベーション活動を支援します。
https://xtrend.nikkei.com/

生成AI時代を勝ち抜く
事業・組織のつくり方

2024年2月19日　　第1版第1刷発行
2024年2月19日　　第1版第2刷発行

　著　者　梶谷健人
　発行者　佐藤央明
　発　行　株式会社日経BP
　発　売　株式会社日経BPマーケティング
　　　　　〒105-8308　東京都港区虎ノ門4-3-12
　編　集　森岡大地（日経クロストレンド）
　装　丁　楳村秀冬
　図　版　清水玲於奈
　制　作　關根和彦（QuomodoDESIGN）
印刷・製本　大日本印刷株式会社

ISBN　978-4-296-20426-7
Printed in Japan
©Kent Kajitani 2024